本书的出版得到聊城大学博士科研启动基金项目（项目编号 321052139）资助。

U0656064

韩汉语义韵翻译对等研究

A Study on Translation Equivalence of Korean and Chinese Semantic Prosody

乔　娟　矫红红　著

中国海洋大学出版社

·青岛·

图书在版编目(CIP)数据

韩汉语义韵翻译对等研究 / 乔娟,矫红红著 . -- 青岛：中国海洋大学出版社,2023. 9

ISBN 978-7-5670-3621-5

Ⅰ. ①韩… Ⅱ. ①乔… ②矫… Ⅲ. ①朝鲜语－翻译－研究 Ⅳ. ①H555. 9

中国国家版本馆 CIP 数据核字(2023)第 177482 号

出版发行	中国海洋大学出版社	
社　　址	青岛市香港东路 23 号	邮政编码　266071
出 版 人	刘文菁	
网　　址	http://pub.ouc.edu.cn	
订购电话	0532－82032573(传真)	
责任编辑	林婷婷	电　　话　0532－85901092
印　　制	日照日报印务中心	
版　　次	2023 年 9 月第 1 版	
印　　次	2023 年 9 月第 1 次印刷	
成品尺寸	170 mm ×230 mm	
印　　张	11. 25	
字　　数	200 千	
印　　数	1～1 000	
定　　价	50. 00 元	

摘　要

　　本书在前贤研究的基础上,采用语料库数据分析的研究方法,从语义韵的视角对"역력하다"和"또렷하다"与汉语初似对等单位的翻译对等情况进行了综合的考察分析,深入揭示了翻译对等的形成机制,进而深化了韩汉语义韵翻译对等理论方法的研究。最后,考察了基于语义韵翻译对等理论的"역력하다"和"또렷하다"翻译教学模式。

　　本书共分五章。

　　第一章对语义韵翻译对等研究的历史和现状进行了简要的回顾和评述,指出现存研究中存在的不足和有待于进一步思考和解决的问题,并确定"清楚"义近义词"역력하다"和"또렷하다"作为本书研究的源语节点词。

　　第二章考察了中国和韩国平行语料库的建设现状,阐述了本书自建平行语料库的设计理念、构建过程及需注意的问题。构建平行语料库是进行语料库翻译研究和教学研究的基础,而语料库可以在线检索是语料库理论、技术应用于课堂教学的前提。韩汉平行语料库和CQPweb语料库在线检索平台不仅为本书的语义韵翻译对等研究和翻译教学研究提供了必要条件,还为其他韩汉—汉韩翻译研究和相关应用研究提供了数据支持。只有遵循语料库建设规律并运用恰当的方式方法进行操作,才能保证所构建的韩汉平行语料库具有较高的科学性和实用性。

　　第三章主要对比分析了"역력하다"和"또렷하다"与汉语初似对等词的典型性翻译对等关系。主要结论如下。

　　（一）基于数据的高频共现词考察（Collocates）和扩展意义单位分析是判定翻译对等的有效方法,二者分别从宏观和微观上呈现节点单位横向组合轴的聚合关系。高频共现词考察可避免因观察语料少而造成的遗漏,扩展意义单位分析可从类联接、语义选择趋向、语义韵三个层面提供层级分明的研究方法。其次,扩展意义单位中的搭配、语义选择趋向和类联接皆有可能对翻译对等产生关键性影响,但语义韵仍是判断翻译对等的决定性因素。多数节点单位的语义选择趋向对语义韵产生了决定性影响,即节点词在横向组合轴上吸引的词类聚合特征决定了语义韵的内容和极性。但类联接在意义单位分析中的作用也不容忽视,类联接可以为提取搭配词提供明确的语法框架,为归纳语义选择趋向、语义韵提供更加细化的分类路径,也可以对某些节点词的语义韵产生直接影响,即节点词在某些特定的类联接中具有明确的态度意义。

(二) "역력하다"有三个语义韵,"明显"有七个语义韵,"历历在目"有两个语义韵。"역력하다"和"明显"形成"涵盖式翻译对等关系",和"历历在目"形成"部分一致翻译对等关系"。"또렷하다"和"清晰"各有两个语义韵。"또렷하다"和"清晰"形成"翻译对等关系",和"历历在目"形成"非翻译对等关系"。词层面的翻译对等率较低,将研究单位扩大到短语序列等更大的单位,语义趋向和语义韵会相对集中,也更容易确定翻译对等关系,因而加强词以上单位的翻译对等研究十分必要。

第四章考察分析了与"역력하다"形成非典型性翻译对等关系的短语序列和可译单位的语义韵。主要结论如下。

(一) 翻译对等短语序列从形式上把对等单位的范围由词扩大到了短语,解决了"词层面对等率不高"的问题,因为词与短语序列的对等率明显高于词与词的对等率。短语序列通过单词组合之间在语义上的相互渲染产生语义韵上的变化,主要变化有扩展意义单位模型由繁到简、产生新的意义移变单位、丧失某些语义韵。"역력하다"和短语序列"显露出、清晰可见、明显(地)流露出、明显显得"分别形成"部分对等、部分对等、基本对等、部分对等"关系。

(二) 可译单位是指不具备源语单位的核心意义,但在译文中可以准确传达源语单位全部或部分语义韵的对应单位。通过引入可译单位这个概念扩大了对等研究的范围。"不难看出、写满、难掩"均为"역력하다"的可译单位。可译单位按照与源语单位语义韵的重合程度,可分为高配型可译单位和低配

型可译单位。高配型可译单位仍可通过搭配分析和扩展意义单位分析来确定其语义韵。"难掩"是"역력하다"的高配型可译单位。例句中,高达87%的"难掩"可以与"역력하다"形成对等关系,对等率很高。低配型可译单位可通过复杂检索(检索式)、回译法验证和扩展意义单位分析来确定其语义韵。其中扩展意义单位分析是可选项,不是必选项。"不难看出、写满"均为"역력하다"的低配型可译单位。

第五章考察了基于语义韵翻译对等理论的"역력하다"和"또렷하다"翻译教学模式。语义韵翻译对等理论和扩展意义单位分析法应用于"역력하다"和"또렷하다"韩汉翻译教学,可以大大提高学生对"역력하다"和"또렷하다"的理解能力和应用能力,进而有效提高教学质量。教师可以基于这一理论和方法设计课堂教学过程,制作多样化的教学课件,并为学生作出更加客观的翻译评价。

Abstract

Based on previous study, this book adopts corpus data analysis research method to comprehensively review and analyze translation equivalence between " 역력하다 " " 또렷하다 " and their primary Chinese equivalent units from the perspective of semantic prosody, deeply revealing the forming mechanism of translation equivalence so as to deepen the research on translation equivalence theory and method of Korean-Chinese semantic prosody. Finally, the translation teaching research based on the theory of semantic prosody translation equivalence from a data-driven perspective is launched.

There are five chapters in this book.

The first chapter briefly reviews and comments on the history and current state of research on semantic prosody translation, identifies flaws in the previous research and problems that need to be addressed further, and determines the clear meaning synonyms " 역력하다 " and " 또렷하다 " as the source language node word studied in this book.

The second chapter examines the current state of parallel corpora in China and South Korea, as well as the design concept, construction process and issues that need attention in this book's self-built parallel corpus. The construction of a parallel corpus is the basis for corpus translation research and teaching research, and the corpus that can be retrieved online is a prerequisite for the application of corpus theory and technology to classroom teaching. The Korean-Chinese parallel corpus and the CQPweb corpus online search platform not only meet the requirements for this dissertation's semantic prosody translation equivalent research and translation teaching research, but also provide data support for other Korean-Chinese, Chinese-Korean translation research and related applied research. Only by following the rules of corpus construction and using appropriate ways and methods can we ensure that the built Korean-Chinese parallel corpus is highly scientific and practical.

The third chapter mainly comparatively analyzes the typical translation equivalence between "역력하다", "또렷하다" and their Chinese primary equivalents. The main conclusions are as follows.

First, data-based high-frequency word study (Collocates) and extended meaning unit analysis are effective methods for judging translation equivalence. Both show the aggregation relationship of the horizontal combination axis of node units macroscopically and microscopically. Data-based high-frequency word study can avoid omissions caused by insufficient observation corpus. Extended meaning unit analysis can also provide a distinct research method from the three levels of colligation, semantic selection tendency, and semantic prosody. Besides, collocation, semantic selection tendency, and colligation in the extended meaning unit can all have a key impact on translation equivalence, but semantic prosody is still the decisive factor in judging translation equivalence. The semantic selection tendency of most node units has a decisive influence on semantic prosody, that is, the aggregation feature of parts of speech attracted by these node words on the horizontal combination axis determines the content and polarity of semantic prosody. However, the role of colligation in the analysis of meaning units cannot be ignored. Colligation can provide a clear grammatical framework for extracting collocation words and a more refined classification path for generalizing semantic selection tendency and semantic prosody. It can also have direct impact on the semantic prosody of certain node words, that is, node words have clear attitudinal meanings in certain colligations.

Second, "역력하다" contains three semantic prosodies, "明显" contains seven semantic prosodies, and "历历在目" contains two semantic prosodies. "역

력하다 " and " 明显 " form a "covering translation equivalence relationship". " 역 력 하 다 " and " 历 历 在 目 " form a "partially consistent translation equivalence relationship". " 또렷하다 " and " 清晰 " respectively have two semantic prosodies. " 또렷하다 " and " 清晰 " form a "translation equivalence relationship". " 또렷하다 " and " 历 历 在 目 " form a "non-translational equivalence relationship". Translation equivalence ratio at the word level is low. Once the research unit is expanded to larger units such as phrase sequences, the semantic tendency and semantic prosody will be relativelyconcentrated, and it is easier to determine the translation equivalence relationship. Thus it is necessary to strengthen the translation equivalence research of units beyond the word level.

The fourth chapter puts forward the concept of "atypical translation equivalence". Both translation equivalence formed by phrase sequence and source words and the one formed by translatable unit and source words belong to atypical translation equivalence. The main conclusions are as follows.

First, translation equivalent phrase sequence formally expands the scope equivalent unit from word to phrase, solving the problem of "low word-level equivalence ratio", because the equivalence ratio between the word and phrase sequence is significantly higher than that between words. Through the semantic mutual rendering of word combinations, phrase sequences cause changes in semantic prosody. The extended meaning unit model evolves from complex to simplified, resulting in new meaning shifting units and the loss of some semantic prosodies. " 역력하다 " and the phrase sequence " 显露出 , 清晰可见 , 明显 (地) 流露出 , 明显显得 " form the relationship "partial equivalence,partial equivalence, basic equivalence, and partial equivalence", respectively.

Second, translatable unit refers to the corresponding unit that does not have core meaning of the source language unit, but can accurately convey all or part of the source language unit's semantic prosody in the translation text. The scope of equivalence research is expanded by introducing the concept of translatable units. " 不难看出 , 写满 , 难掩 " are all translatable units of " 역력하다 ". Translatable units can be divided into high-matching translatable units and low-matching translatable units according to the degree of semantic prosody overlap with the source language unit. High-matching translatable units can still determine their semantic prosody through collocation analysis and extended meaning unit analysis. "难掩" is a high-matching translatable unit of "역력하다". In the example sentence, up to 87 percent of "难掩" can form an equivalence relationship with "역력하다", which is a very high equivalence ratio. Low-matching translatable units can determine their semantic prosody through complex retrieval (search formula), back translation method verification and extended meaning unit analysis. The extended meaning unit analysis is optional, but it is not required. "不难看出,写满" are both low-matching translatable units of "역력하다".

The fifth chapter examines the translation teaching model of "역력하다, 또렷하다", which is based on the semantic prosody translation equivalence theory. Semantic prosody translation equivalence theory and the extended meaning unit analysis method are applied to the Korean-Chinese translation teaching of "역력하다" and "또렷하다", which can greatly improve students' understanding and application ability of "역력하다" and "또렷하다", thereby effectively improving teaching quality. Based on this theory and method, teachers can design classroom teaching processes, create diverse teaching courseware, and conduct more objective translation evaluations for students.

目　录

第一章

绪　论

1.1　研究目的

随着"谷歌翻译""百度翻译""Bing 翻译""Naver Papago"等机器翻译的准确度不断提升,机器翻译将要取代人工翻译的声音不断出现。但是,由于机器翻译目前还不能模拟人的思维对语境作出判断,因此只在合同、法律、操作手册等程式化的文本翻译中有较高的准确率。机器翻译不能识别并再现文本中所蕴含的情感和态度,也不能有效处理源语文本的语用含义和隐喻性表达方式的翻译(胡开宝,李翼,2016:13)。语言中存在的复杂问题以及交流中所需要的灵活的跨文化意识、人特有的情怀都决定了机器翻译不可能完全替代人工翻译(朱一凡,管新潮,2019:44)。简而言之,源语和目标语在"情感、态度、意识、情怀"等方面难以达成对等是机器翻译不能取代人工翻译的主要原因。因此,"情感、态度、意识、情怀"的对等是目前和未来高质量人工翻译的追求目标。

对等一直是翻译理论学界争论的一个理论命题。英国翻译理论家卡特福德提出:"翻译指的是用目标语中对等的文本材料替代源语的文本材料,翻译的中心问题在于探寻目标语中的翻译对等语。"(Catford,1965:20-21)Reiss(1971)创立了交际对等(Communicative Equivalence)翻译理论,认为翻译对等是目标语语篇和源语语篇在思想内容、语言形式、交际功能上的对等。Baker(1992)提出了"语用对等"(Pragmatic Equivalence)的概念,分别就词层对等、语法对等、篇章对等进行了详细论述。认知语言学的原型范畴理论则认为语言层级上的绝对对等不存在。切实可行的是在译语中探寻目标语的翻译对等群,然后区别对等群中哪些是翻译原型、哪些是翻译变体,解读翻译原型的必然性与翻译变体的合理性(贺爱军,2016:110)。但是,这些翻译理论有两个弱点:第一,重理论、轻方法论,缺少可以在实际操作层面观察双语形式、意义、功能对应特征的具体路径;第二,理论的构建基于少量语料,无法考察语言的整体对应关系。比较理想的研究理论应该是既有明确的理论体系,又有层次分明、可操作性强的研究路径,能够对双语在各个层面的翻译对等关系、对等范畴里的"翻译对等单位"和"翻译可译单位"进行科学性的论证。

　　语义韵(Semantic Prosody)是语料库语言学重要的研究领域。Sinclair(1987)首次对语义韵的相关现象进行了描述,他在研究"set in"这个短语时发现,与其构成搭配关系的主语基本都是消极、令人不愉快的事物,从认知语言学的角度看,"set in"与此类消极事物词语构成搭配已成为惯常模式。同时,搭配词语的消极语义特征也暗示了"set in"本身所蕴含的"消极韵味"。Louw(1993)首次定义了语义韵,他认为语义韵是"由关键词激发出的搭配单位所具有的一致性韵律"。Sinclair(1996)对语义韵进行了定义,认为语义韵是表达态度意义的概念,并且在语义学和语用学这个连续统中处于语用学一端。

　　语义韵研究经过十几年的发展,理论体系和研究方法不断完善。扩展意义单位模型现已成为研究语义韵比较成熟的路径。扩展意义单位模型是 Sinclair(1991,1996,2004)基于"共选理论"(Co-Selection)① 提出的模型化表述,包含"节点词"(Core)、"搭配"(Collocation)、"类联接"(Colligation)、"语义选择趋向"(Preference Tendency)、"语义韵"(Semantic Prosody)五个层面的要素。其中,搭配代表节点词与搭配词的共选关系,类联接代表节点词与语法结构的共选关系,搭配和类联接组成了语言的形式特征,语义选择趋向代表节点词与语义聚合特征的共选关系,语义韵代表节点词与语用功能的共选关系。扩展意义单位模型包含了语言描述的三个层面,即形式、意义和功能。同时,扩展意义单位模型作为语料库语言学的一个研究路径,可以充分发挥基于语料库研究的优点,即可以基于更大的语境以及大量的语言事实考察语言整体或某种文体类型的特征。

　　近年来,语义韵的研究领域不断扩大,已经由单语研究扩展到双语研究,研究范围也从单纯的语言学研究扩展到了翻译、教学应用、文学、批评话语分析等

---

① 共选理论是新弗斯语料库语言学最重要的理论。共选理论认为,型式选择不是独立或单一进行的,词与词、词与语法结构、词和语法结构结合而成的型式与意义之间,都形成了可描述的共选关系(卫乃兴,2012:1)。

多个领域。在语义韵翻译研究领域,近年来,翻译对等研究在理论体系和研究路径上已经取得了诸多成果,如李晓红、卫乃兴(2012a),陆军、卫乃兴(2012),杨梅(2013),濮建忠(2014),李华勇(2015),高歌、卫乃兴(2019),但也存在两个问题。

第一,研究对象的选取缺乏普适性,多数双语对应词难以按照同样的研究方法得出结论。究其原因,是由于很多单词在非语境中常呈现多义性,导致扩展意义单位复杂、语义韵特征不明晰。确立翻译对等研究中的研究对象十分复杂。如果选择意义较为复杂的多义词,势必造成语义韵的"分支"过多、难以统筹;如果选择意义较为集中的词汇类型,又不具备研究的普适性。在以词为研究对象的翻译对等单位研究中,源语节点词与目标语对应词在语义韵上的不平衡现象较为常见。例如源语节点词"역력하다"的典型性语义韵特征(61%)主要是表达消极心理情绪,在语义和功能上的倾向性较为集中。但从平行语料库中提取的高频对应词"明显"却在语义韵特征上显示出复杂性。

第二,本书从平行语料库的对译句对中发现,有一些翻译对应单位无论从词典释义,还是对等单位表征[①]上看,都不具备对等关系,二者不是典型的翻译对等单位。但是从本族语者的语言直觉上看,二者却存在明显的可译关系。例如韩国语中的"역력하다"(词典释义:明显)与对应单位"写满"的词典释义不同,从二者整体的扩展意义单位模型上看不构成翻译对等关系,但是译文准确无误,二者之间存在着某种异于典型性翻译对等关系的"可译关系"。

针对以上两个问题,本书提出以下两个解决方案。

针对第一个问题,本书拟通过拓展研究对象的形式范围,使语义韵更加明晰化。短语序列作为扩大的节点单位,组合词之间的语义渲染可以改变单个词原有的意义单位,甚至产生新的意义移变单位。本书认为短语序列可以有效调节因语义过多造成的翻译不对等(或不完全对等)。假设短语序列对于翻译对等的调节有效,那么翻译对等单位研究就不仅仅局限于词与词之间。词与短语序列、短语序列与短语序列都可以成为翻译对等的研究对象。

针对第二个问题,本书把不具备对等关系表征的对应单位命名为"可译单位"。"可译单位"与源语单位在形式上也可不对等,既可以是词,也可以是短语。可译单位是否可以继续沿用对等单位的研究路径也是本书重点探索的问题之

---

① 此处的"对等关系表征"指源语单位的核心意义,例如"역력하다""또렷하다"的核心意义是"清楚""清晰"。

一。可译单位的研究可为阐释翻译多样性提供更多理论和方法论上的支撑。

本书选择近义词作为语义韵翻译对等研究的主体。近义词一直是语言教学研究关注的焦点,近义关系也是语义逻辑关系集的重要元素(陆军,2010:276)。近义词最能体现意义与功能的细微变化,这与语义韵的研究范畴 [①] 较为吻合。

例如,"심취하다"的词典释义是"어떤 일이나 사람에 깊이 빠져 마음을 빼앗긴다",其中"빠지다"作为"심취하다"的关联词,可以被视为近义词。我们既可以说"음악에 심취하다",也可以说"음악에 빠지다"。那么,二者在形式、意义和功能上有怎样的差异?

通过 21 世纪世宗计划韩国语语料库检索可知,"심취하다"的左侧搭配词多为表示具体事物的名词性词语,如"댄스、음악、사상、책、강의、문학、이론、역사、학문、의학、불교、농구、지식、철학、인터넷、노래、천주교、서학、협동조합、시작、글、논리、<주역>、퍼포먼스、예술、매력、만화、동양적 정취、선미、연구、과학、장미의 도시、제주 거리、<어린 왕자>、중국 문화、탱고、미술",整体语境表现了中性或积极的态度意义。而"빠지다"的左侧多为具有消极语义趋向的词语,如"슬픔、술독、공상、부귀 영화、사치와 허영、환상의 세계、자만、유혹、가사 상태、적자 경영、비탄、사련、암흑 속、쪽(아편)"。也有一些搭配词语体现了中性或积极语义特征,例如"옛날 이야기、잠、안개 속、여성다움"。但仔细观察索引行 [②],发现表示积极语义的"여성다움、청춘 예찬"分别与"허우적거리다、맹목적인"构成了更大的语境,表达了对沉浸于"여성다움"和"청춘 예찬"的消极态度意义。具体语境如下。

(1) 거의 대부분의 여성이 '여성다움'에 빠져 허우적거리고 몇몇 여성만이 앞장서서 남녀평등을 외쳐 댄다면 완전한 남녀…

(2) TV가 유치해지는 또 하나의 이유는 그야말로 맹목적인 청춘 예찬에 빠져 있는 광고라고 하는 '환경'의 영향 때문이라는 점을 짚고 넘어갈 필요가…

按照上述分析,"심취하다"和"빠지다"的主导语义韵特征分别概括为【积

---

① 语义韵的研究范畴包括节点单位的搭配、类联接(形式)、搭配词语的语义聚合特征(意义)和语义韵(功能)。

② "索引行"(Index Line)指通过检索获取的语境信息,通常以节点单位为中心,左右各显示一定跨距的字符串。

极:沉浸于某事物,表达愉悦的心情】【消极:不应该沉浸于某事物】。

本书拟通过自建韩汉平行语料库检索出每个近义词的翻译对应单位,确定初似翻译对等词、初似翻译对等短语序列以及可译单位,通过 AntConc 搭配分析、扩展意义单位模型分析等方法考察各单位的共选型式,归纳语义韵特征,深入分析节点词与初似对等单位或可译单位之间的翻译对等关系。

除此之外,本书还将在韩汉平行语料库建设及翻译对等的应用研究上作一些衍生性研究,具体内容如下。

第一,构建韩汉平行语料库和 CQPweb 语料库在线检索平台。语义韵翻译对等研究已经在多个语种间展开,但韩汉翻译对等研究不论在国内还是韩国都几乎皆为空白,这与韩汉平行语料库的建设不足有直接关系。目前学界主张融合平行语料库与可比语料库的优点开展翻译对等研究,平行语料库是确定初似对等单位的理想资源库,这导致了一些非通用语种因平行语料库的缺失难以开展研究。因此,本书拟构建一定规模的韩汉平行语料库,为韩汉双语研究提供更加真实的例证。同时,为促进平行语料库在教学中的广泛应用,拟搭建 CQPweb 语料库在线检索平台,希望为语料库的推广应用作出一点贡献。

第二,展开基于语义韵翻译对等理论的翻译教学研究。教师可利用翻译对等理论与研究方法编写教材、制作词表、开展课堂教学、进行翻译质量评价等。扩展意义单位模型是理论与研究路径融为一体的操作模型,学生可借助此模型展开数据驱动式自主学习。另外,利用翻译对等制作的词表可转化为术语库的形式,直接应用于翻译实践,提高翻译效率。这些研究有利于改变传统翻译教学过于依赖教材和教师经验的现状,促进翻译教学模式创新。

综上所述,本书的研究目的可以概括如下。

第一,通过构建韩汉平行语料库和 CQPweb 语料库在线检索平台,为韩汉翻译研究和韩汉翻译教学研究以及相关研究打下更为坚实的基础。

第二,运用语义韵的研究理论和方法,对"역력하다""또렷하다"及其汉语对应单位之间的翻译对等关系进行多角度考察,拓展翻译对等单位的外延范围,探索多种对等形式,探索隐藏其中的诸多应用规律。

第三,以"역력하다"和"또렷하다"为例,探索基于语义韵翻译对等理论的翻译教学方式方法,为韩汉翻译教学提供更有价值的参考。

1.2 研究概述

1.2.1 西方语义韵研究概述

（1）语义韵理论体系构建

语义韵中"韵"的概念源于弗斯的描写语言学中的"韵路径"（Prosodic Approach）。他认为韵路径是研究语法与意义、进行意义描述的重要途径。他在进行音系学研究时，主张把语音形式具有的特征归属于音韵，即音韵能够跨越音位界限在更大的词汇单位、句法单位或者音节上实现"调色晕染"。这一研究路径对 Sinclair、Louw、Stubbs 等学者的意义单位研究产生了直接影响，最为著名的便是诞生了语料库语言学的一个重要概念——语义韵。

语义韵的诞生还得益于大规模语料库的研发。大规模语料库和相关检索软件的出现为学者们提供了前所未有的广阔视角，使得隐藏于大量真实语境中的语法规则、语义及语用特征浮出水面。正如 Louw（1993:173）所说，"几千年来，语义韵律在很大程度上还难以被我们的直觉感知，而现在机读语料库已大得足够使我们将其揭示出来"。

语义韵的发现始于 Sinclair。Sinclair（1991）发现"set in"经常和一些指代不愉快事件的词语一起出现，如"rot、decay、malaise、despair、ill-will、decadence、impoverishment、infection、prejudice、vicious、rigor mortis、numbness、bitterness、mannerism、anticlimax、anarchy、disillusion、disillusionment、slump"。对语言研究者而言，这些具有共性的搭配词语组成一个语义集合，语义集合又与"set in"共同组成一个语言单元，这个语言单元便是扩展意义单位的雏形。在这个语言单元中，"set in"的出现预示着"不愉快"事件会随之出现。这种由习惯性搭配产生的联想意义便是目前语义韵研究的核心内容之一。而首次对语义韵进行定义性阐释的是 Louw（1993），他研究了"symptomatic of、utterly、bent on"等词语的搭配，发现"symptomatic of"与"parental paralysis、management inadequacies、numerous disorders"等表示疾病的词语构成搭配，他认为语义韵是"由关键词激发出的搭配单位所具有的一致性韵律"。

Bublitz（1996）研究了"cause、happen、commit、somewhat、prevall"的语义韵，他的基本思想与 Louw 的"语义传染"一致。Stubbs 也是语义韵研究初期的代表学者之一，他对"cause"语义韵的研究成果在学界引起了强烈反响。Stubbs（1995）基于大规模 COBUILD 语料库研究了"cause"，发现其具有明显的消极语义韵特征，经常与"anxiety、concern、crisis、damage、distress、embarrassment、explosion、harm、loss、problems、trouble"等具有消极语义的词构成搭配。Partington（1998）发现形容词"impressive"具有明显的积极语义韵，常与"achievement、talent、dignity"等具有积极意义的词构成搭配。他将语义韵定义为"超越单个词界限的联想意义的扩展"。这一时期的研究成果强调词语在语境中获得搭配词的联想意义。

Louw（2000）修正了他提出的语义韵概念，他指出："语义韵指的是由一组具有一致语义特点的搭配词在语境中营造出来的一种意义形式，它的基本功能是表达说话者和作者对某种语用情景的态度。"Stubbs 从 2001 年开始频繁使用"话语韵"这个术语。Stubbs（2001：65）认为，"话语韵是超越单个线性词语单位的一种特征。话语韵表达的是说话者的态度"。Tognini-Bonelli（2001：111）认为，"如果一个词语总是在积极或消极评价语境中使用，那么这个词语也将传染上这种意义"。Partington（2004）认为语义韵是肉眼难以发现的超越单个词语界限的评价意义。这一阶段的学者更强调了语义韵的语用功能。

值得一提的是，2005 年之后，西方学界开始了对语义韵的理论批评研究。Whitsitt（2005）提出，语义韵研究视角较为混乱，有历时的视角、语用的视角和内涵的视角。这三个研究视角发展为语义韵研究的三个流派，即语义传染派①、功能派②以及内涵意义派③。同时，Whitsitt 还对历时现象和共识研究方法的冲突性、直觉在识别语义韵中的作用以及语义韵的定义问题提出了批评。Hunston（2007）对语义韵的概念和归属问题、语义韵的极性问题和语境迁移问题进行了集中讨论。Stewart（2010）对语义韵研究中存在的问题进行了系统全面的归纳，对过去语义韵研究中存在的问题提出了批评，并指明了未来语义韵的研究

---

① 语义传染派认为当共现词语具有某一类相似的语义特征时，语境中便弥漫了一种较强的语义氛围，即语义韵。语义传染派以 Louw 为代表。

② 功能派以 Sinclair 为代表，他认为"语义韵表达态度意义，在语义学—语用学这个连续统中处于语用学一端"（Sinclair，1996：87）。这一观点受到 Tognini-Bonelli（2001，2002）、Hunston（2007）、Stubbs（2009）、Partington（2004）等诸多学者的支持。

③ 内涵意义派认为语义韵即评价性涵义，是词语涵义在搭配形式中的扩散。支持这一观点的有 Partington（1998）、Sardinha（2000）、Stubbs（2001）、Hunston（2002）、Whitsitt（2005）等。

方向。

尽管学界对语义韵的解释众说纷纭,争议颇多,但在下面几个问题上达成了共识。

第一,语义韵存在隐匿性特征。语义韵研究必须依托大规模语料库和统计手段,这也从另一个角度说明了语料库规模、语域的重要性。

第二,语义韵是节点词与搭配词共现形成的态度意义和情感意义。

第三,尽管学界对于语义韵的两分法还是三分法存在争议,但均承认语义韵具有极性特征。

第四,语义韵研究要在语法结构框架内进行,语义韵和语法规则密不可分。

（2）跨语言研究

在语义韵的跨语言研究方面,一些学者围绕英语与波兰语、葡萄牙语、意大利语、丹麦语以及汉语等语种展开了基于语义韵的跨语言对比、翻译对等等研究,在理论和方法上取得了很多开创性成果。

Sardinha（2000）围绕英语和葡萄牙语的 CAUSE 义对等单位进行了一项很有启发性的研究。研究发现,不同语言中的对等单位之间存在差异,应该在翻译实践中提高语义韵意识,并建议在单语词典和双语词典中提供充足的语义韵信息。

Tognini-Bonelli（2002）分析了英语和意大利语中"true friend"的语义韵差异。这项研究基于 Sinclair 的扩展意义单位模型,并用于识别"功能完整的意义单位①"（Functionally Complete Unit of Meaning）。她发现,两种语言之间存在可以比较的意义单位,但有些语义韵特征在英语中比较显著,在意大利语中却不明显。文中还强调了语义韵在功能对等上所起的关键作用。

Dam-Jensen 和 Zethsen（2007）分析了两个具有相同语义场的丹麦语动词,这两个词都可以翻译为"cause"。分析发现这两个动词两侧的搭配词都具有消极评价意义,这与 Stubbs（1995）对英语"cause"的分析十分吻合。文中建议扩展意义单位中的评价意义应该写入词典中。

Xiao 和 Mcenery（2006）对比分析了汉语和英语中三组近义词组及其翻译对等单位（CONSEQUENCE 义、CAUSE 义和 PRICE 义）。研究结果表明,英汉

---

① 意义单位是指以意义功能为取向、由使用决定（话语社团建构）、以多词组合为主体、形式上有一定可变性的全新的语言单位（濮建忠,2014:54）。

语在语义韵和搭配行为上存在相似之处,近义词在常规搭配中不可互换,因为每一种常规搭配都包含着一个固定的语义韵。此外,研究还指出,近义词和翻译对等词在语义韵上也存在差异。

西方学者开创了基于语义韵理论的跨语言研究的先河,并在以下两个方面取得共识。

第一,语义韵是判定翻译对等的关键性因素,Sinclair 的扩展意义单位模型是研究翻译对等的有效路径。

第二,不同语言之间的翻译对等词在语义韵特征上存在差异,翻译对等词在语义韵特征上的明晰程度也不尽相同,Sardinha(2000)甚至观察到英语短语"set in"在葡萄牙语中没有直接的对等词。

可见,运用语义韵理论可以更好地进行翻译对等研究,但仍有很多问题有待进一步研究。如当翻译对等单位存在差异时,我们该如何解决因差异性造成的翻译障碍? 解决的方法是什么?

1.2.2 中国语义韵研究概述

我们借助中国学术期刊全文数据库——"中国知网",以"语义韵"为主题词,共收集到 354 篇相关研究成果(截至 2019 年 11 月),其中包含 142 篇 CSSCI和核心论文、212 篇学位论文(包含博士论文 2 篇)。研究成果按照年度分类如表1-1 所示。

表 1-1 中国语义韵相关论文年度发表数量

年度	2000	2001	2002	2003	2004	2005	2006	2007	2008	2009
期刊	1	0	2	0	1	3	2	3	3	5
学位	0	0	1	2	2	1	5	7	5	9
年度	2010	2011	2012	2013	2014	2015	2016	2017	2018	2019
期刊	9	10	19	11	14	13	13	11	11	11
学位	8	12	19	20	17	25	27	24	16	12

中国国内的语义韵研究可以追溯到 2000 年,纪玉华、吴建平(2000)首次将语义韵的概念和研究方法引介到中国,强调了语义韵以及研究方法在英汉、汉英词典编撰方面的重要意义,开启了语义韵研究的新篇章。卫乃兴(2002a,2002b)接连发表 2 篇论文,介绍了语义韵研究的一般方法,即基于数据的方法、数据驱

动的方法和基于数据与数据驱动相结合的方法,此后的语义韵研究可以说都使用了这三种方法。

下面分三个阶段介绍中国的语义韵研究概况。

1.2.2.1　第一阶段(2000—2009 年)

早期(2000—2009 年)的语义韵研究多集中在语义韵概念及研究方法的引介、二语习得、教学应用和词典编撰等几个方面。

(1)语义韵概念、方法的引介

潘璠、冯跃进(2003)研究了如何通过语料库分析词语的搭配行为,特别指出语义韵研究在词典编撰、语用学、认知语言学、翻译、外语教学和词汇研究等多个领域的研究价值和潜力。

张继东、刘萍(2005)举例演示了基于语料库同义词辨析的一般方法,包括统计同义词在语料库语域的词频分布差异、同义词的显著搭配词和相互信息值,借此揭示出相关词语的类联接、搭配关系和语义韵等语言特征。

王海华、王同顺(2005)指出中国英语学习者同本族语者在使用"cause"时显现出显著差异,中国英语学习者使用消极含义搭配词的频率明显高于具有积极含义的搭配词。

卢鹿(2005)考察了利用语料库辨析同义词的方法,分别从类联接、搭配和语义韵角度对同义词"gain"和"obtain"在本族语语料库和学习者语料库中的使用异同进行了分析。

甄凤超(2005)在探讨实现 DDL 的方法和技术时,提出要在扩展语境中学习词语的语义韵。

2000—2005 年期间发表的这 5 篇论文可以说奠定了国内语义韵研究的基础,基于语料库的语义韵研究在很长一段时间里基本遵循既定的范式和方法,只在研究的语域、语料来源、应用目的上不尽相同。

(2)特定词语的实证研究

张继东、刘萍(2006)首次使用 LGSWE 和自建小型现代汉语语料库组成类比语料库,比较了"happen、occur"和"发生"在类联接、搭配关系和语义韵上的差异。值得提及的是,这篇论文重视了词语在不同语域的分布差异,并进行了具体的数据化分析。遗憾的是,由于使用的汉语语料库规模较小,文中没有分析"发生"一词在不同语域的分布差异。

田宏梅(2006)用数据驱动的方法分析了"有点"在厦门大学中文语料库和台湾研究院现代汉语语料库中的分布及语义韵特征,这是第一篇用语义韵理论和研究方法开展汉语研究的论文。

姚双云(2007)使用华中师范大学汉语复句语料库(CCCS)和《人民日报》语料样本开展了连词"结果"与"所以"的搭配强度和语义韵差异的计量分析。

黄瑞红(2007)对比了英语中 24 个形容词增强语在英语国家语料库和中国学习者语料库(高中、非英语专业、英语专业)的分布差异,并分析了语义韵呈现差异及偏误原因。

米洁、周江林(2008)提取了 2008 年奥运会前一周外媒的相关报道,用语义韵的研究方法分析与"China"共现的搭配词,拓宽了语义韵的内涵,促进了批评性话语分析超定量研究的发展。

孙爱珍(2008)首次从语义韵的视角考察了情感流动在文学语篇的形成机制,提出了极差手段、语义韵域、域界标志等概念。文中提出的语义韵结构假设理论或将为计算语言学和人工智能提供有力的帮助。

秦平新(2009)对比了"宣传"和英语对应词"propaganda"在语义韵上的显著不同。这是语义韵研究方法在翻译领域的首次尝试。但"宣传"一词的英语对应词完全凭经验确定为"propaganda",缺乏科学性。

韩存新(2009)在卢鹿和黄瑞红两位学者的研究基础上,研究中国学习者同本族语者在语义韵使用方面的差异。他发现二者的差异主要由汉语语义韵迁移造成,提出要加强英汉语义韵对比研究,在编撰英汉词典时要注意中英文释义词条在语义韵上的一致性。

这一时期的语义韵研究成果主要集中在以下两个方面。

一是对语义韵的引介,二是对特定词语语义韵的实证研究。涉及的语域主要有专业英语、新闻语篇、文学英语和少量商务英语。使用的语料库主要为本族英语单语语料库、英语学习者语料库和汉语语料库,极少涉及双语语料库。在实际应用研究上主要集中在英语教学特别是词汇教学这一方面,另有极少数双语对比和批评话语分析研究。

这一时期的研究存在以下三个不足之处。

第一,侧重于对语义韵理论的简单引介,缺乏对于语义韵深层次的理论探讨。

第二,语义韵研究路径缺乏系统性,研究对象只凭借主观认知和经验选取有限的几个词语,研究对象过分集中于某些词语,如"cause"。

第三,中国语料库建设还处于发展阶段,大规模的单语、双语语料库资源比较有限,因而语义韵研究无法在更多领域展开。

1.2.2.2　第二阶段(2010—2019 年)

(1)单语实证研究规范化、多样化

2010 年以后的相关研究呈现出更加规范化和多样化的趋势,这种趋势在单语的实证研究领域体现得非常明显。

陆军(2010)使用库容相当的中国学习者语料库中的五个子库和 Flob、Frown 参照语料库对"cause、lead to、result in/from"和"bring about"的语义韵进行了对比分析,得出中国英语学习者在近义词搭配行为和语义韵知识掌握上存在不足的结论。

张绪华(2010)基于扩展意义单位理论,以"absolutely、completely、fully、utterly、thoroughly、totally、extremely、perfectly"八个最高程度语为例,研究它们在搭配模式、类联接模式、语义选择趋向和语义韵层面的差异,并提出 A 词语与具有 B 种语义趋向的词语在 C 种类联接中共现时,这些词语所组成的扩展意义单位倾向于营造出 D 种语义韵。这种基于扩展意义单位的词典释义模式被 Sinclair 看作词典的发展方向。

陈鹏、濮建忠(2011)从意义单位(词项)的五个共选层面即节点词、搭配、类联接、语义倾向和语义韵分析了"attention"和"suppose"两个动词在本族语语料库和学习者语料库中的特点。这种研究方式与张绪华(2010)不谋而合,都强调了意义单位是结构功能高度一体的语言单位。值得一提的是,陈鹏、濮建中研究对象的选定更为科学和范式化,便于今后他人进行后续研究。

卫乃兴(2012)从扩展意义单位的视角探索了短语学研究的共选理论,指出形式与意义、形式与功能,甚至形式与专业内容存在紧密的共选关系,并以汉语单词为例进行了个案展示。

于涛、梁茂成(2014)通过三代布朗语料库对 BE 被动结构语义韵进行考察,发现语义韵变化幅度很小,但是语义韵的分布与语义正式程度呈现相关性。

邵斌、王文斌(2015)再现了英语词缀语义韵的形成过程,将语义韵的研究范围拓展到了词缀层面。

兴起于西方的语义韵研究在汉语研究领域的应用也取得了一些进展。王均松、田建国（2016），胡雪婵、吴长安（2016，2018）分析了量词语义韵、汉语成语语义韵的历时性演变、汉语成语语义韵的冲突及消解过程。值得一提的是，胡雪婵、吴长安（2016，2018）从历时的角度探讨了汉语成语的演变、冲突和消解，这一成果得益于目前已经建成的大型汉语历时语料库，研究人员可以借助历时语料库梳理出汉语发展的清晰脉络。

（2）基础理论研究取得较大进展

2010年之后，语义韵的基础理论研究（概念含义、分类、研究方法、理论体系等）取得了很多进展。

王雅刚、刘正光、邓金莲（2014）在肯定语义韵研究对外语教学、辞书编撰和语言对比研究作出积极贡献的同时，对语义韵的性质、所属单位、极性描写、调查手段、语义韵与含义、语义韵与语义偏好的关系进行了辨析、质疑，认为语义韵研究不能止于经验性描写，应该寻找具有整体性和系统性的本质性解释。

针对语义韵属性、分类以及研究方法等问题，语义韵研究领域的学者展开了积极探索。

李芳兰、卫乃兴（2015）探讨了语义韵的短语属性、强度测量和隐匿性，认为相比词语和固定搭配，半固定短语序列更能形成一致的态度意义，而且这种态度意义相比固定短语具有隐匿性，因此更具备探讨的价值。

翟萌、卫乃兴（2015）在探讨学术文本语义韵研究方法时，也提出了扩大节点单位分析法和短语形式分析法，这和李芳兰、卫乃兴（2015）提出的半固定短语序列分析方法的内涵意义是一致的，即考虑到单词语义韵的隐匿性和复杂性，把节点词由单个词扩大到更大的单位。

卫乃兴（2016）在探讨学术英语教学新路径时进一步强调短语序列是观察语言事实的新视角。

高歌、卫乃兴（2017）基于Sinclair逝世前两篇未完成的手稿，从意义内涵到分析程序对意义单位的最新表述——"意义移变单位"（Meaning-Shift Unit）进行了系统性解释。意义移变单位强调了共选型式对意义变化的核心作用，这一概念无疑使语义韵的横向研究方式（扩展意义单位模型）产生了纵向的动态性延伸,由此形成的结构化局部语法①将对语言研究、语言教学、自然语言处理等领域产生积极影响。

陆军、吴茜(2019)从特定历史事件的角度,以汉英流行序列为对象考察了共选型式的历时变化,揭示了短语单位②的移变规律和发生机理。

高歌、陆军二人分别从历时和共时的角度对意义移变单位做出了解读。

（3）跨语言研究成为新热点

这一时期(2010 年以后)在语义韵的跨语言研究领域出现了更多有价值的研究成果。

胡显耀、曾佳(2010)基于库容相似的现代汉语语料库、当代汉语翻译小说语料库、英国英语语料库考察了汉英被动句式在各个语料库中的频率及语义韵倾向。研究表明,翻译小说的"被"字句使用频率更低,更加趋近于汉语被动句式的否定和消极含义。如果作者在类比语料库中增加汉语翻译小说的英语原文语料库进行对比研究,得出的结论将更加有说服力。

朱一凡、胡开宝(2014)的"被"字句语义趋向与语义韵研究得出的结论则相反,认为汉译语料中使用"被"字句的频率明显大于原创语料使用"被"字句的频率,并且相比原创汉语的"遭受义",汉译语料中的主导语义趋向变为"弱及物义",这与英语被动句式的高频出现(是汉语的 10 倍)及英语被动句中大量的"弱及物动词"相关。为何朱一凡、胡开宝两位学者的研究会得出相反的结论,是否与调查语料库的文体和语域有关,还有待进一步研究。

杨晓琳、程乐(2016)从新闻、通用、学术、小说四个语域研究被动标记形式及语义韵的变化特征。他们认为,如果不能保证语料库的规模和语域的广泛覆盖性,语义韵的研究就需要明确在何种语域之下进行,得出的结论也要有语域限制。这一结论为解答朱一凡、胡开宝两位学者为何得出相反的研究结论这一问题提供了参考。

宋伟华(2010)从 CCL 现代汉语语料库和 BNC 英语国家语料库各抽取 100

---

① 张磊、卫乃兴(2018)指出局部语法是相对普通语言语法而言,普通语言语法侧重描述语言的一般结构特征,局部语法聚焦自然语言具体语域的子类文本,采用"形式导向"的计算语言学方法和"功能导向"的语料库短语学方法,描写子类文本中的结构、特征性意义和功能。

② 本书中的"短语单位"等同于"扩展意义单位"。

个例句，对比了"白"和"white"的语义韵倾向，并对中译英双语译例进行了对比。

卫乃兴（2011a）探讨了对比短语学研究的三个实用研究技术，分别为相互对应率、复现搭配翻译对等、扩展意义单位视角下的翻译对等。其中扩展意义单位视角下的翻译对等研究方法十分具有价值，从方法论上奠定了翻译对等研究的基础。值得借鉴的是，作者在确定初似翻译对等词时使用了"相互对应率"[①]（Mutual Correspondence）的计算方法。翻译对等不再是语言学形式上的规定性概念，而是可以基于语料库观察到的真实而具体的对应关系。

陆军、卫乃兴（2012）通过对比中英文节点词在可比语料库和平行语料库中的对等关系，指出翻译对等并不意味着词语搭配和类联接上的一一对等，语义选择趋向也可能存在差异，但中英文节点词在各自语境中构筑的语义韵总趋于一致。

陆军（2012）通过学习者语料库和可比语料库得出以下结论：学习者英语与汉语翻译中的对应单位在类联接、语义选择趋向和语义韵上趋于一致，但与英语本族语呈现明显的差异，扩展意义单位模型为验证这一结论提供了切实可操作的路径。

陆军、卫乃兴（2014）继续通过平行、可比和学习者语料库在扩展意义单位的框架之下研究二语词汇知识习得的影响因素，认为短语单位构建、母语和目标语知识是影响二语词汇知识体系构建的重要因素。

李晓红、卫乃兴（2012a，2012b）发表的两篇论文均以平行语料库提供的初似对等词为切入点，通过语义趋向和语义韵对应关系确定汉英翻译对等单位，提出了"主导语义趋向"[②]（Predominant Preference）、"语义韵常模"[③]（Prosodic Norm）等概念。

濮建忠（2014）探讨了意义单位、翻译单位和对应单位的关系，提出了基于语料库驱动的跨语言翻译研究的方法，即从平行语料库出发，通过对应单位观察两种语言之间微观的对应关系，确定并梳理出合理的翻译单位，有了翻译单位，就

---

① "相互对应率"指的是某种语法结构或词语在双向翻译语料库中相互被译的程度。

② 主导语义趋向是指搭配词频数最高的一组语义范畴。

③ 语义韵常模是节点词构筑某种态度意义的常规态势，包括语义韵极性和具体的态度意义（李晓红，卫乃兴，2012a：31）。

可以在单语语料库中进一步探寻翻译单位所在的意义单位。文中还特别提出了单语语料库、可比语料库和平行语料库的互补关系。

唐义均(2012)在语义韵翻译研究中提出"义韵和谐"(Prosodic Harmony)和"义韵冲突"(Prosodic Clash)两个概念,并通过自建"政府白皮书语料库"对"persist in"和"persistent"在目标语中存在的义韵冲突现象进行了实证研究。

王平兴(2013)对唐义均意韵冲突的论证进行了质疑,认为唐义均对党政文献中使用"active measures"和"persist in"等词语的批评不能成立。

杨梅(2013)探讨了一组英汉对应近义词在搭配和语义韵方面的特征,并分析了不同文体对搭配的影响,这与卫乃兴(2012)强调的形式与专业内容紧密相连的共选关系理念一致。

赵朝永(2014)研究了"忙 **"结构在《红楼梦》原文与三个译本中的语义韵倾向,指出翻译文本中的语义韵和谐与冲突并存。

李华勇(2015)研究了口语双向翻译中词层面、短语层面和扩展意义单位层面的对等情况,发现词层面的对等程度最低,短语层面的对等程度较高,扩展意义单位是形式、意义和功能对等的理想单位。

高歌、卫乃兴(2019)通过对比"hear of"一词在《红楼梦》英译本和原创英语中的异同,认为语义韵常模在翻译过程中起着统领作用,译者对语义韵进行操控与利用,致使特定语义韵呈现显化趋势。

综上所述,中国学界对语义韵的跨语言研究主要集中于三个研究领域。

第一,研究词语和句法结构在翻译文本和原创文本中的使用频率及语义韵变化特征。

第二,探索翻译对等的标准和研究路径。这是目前翻译语义韵研究成果比较集中、争议与进展并存的一个领域。

第三,研究翻译语义韵中的义韵和谐与义韵冲突。目前这一领域集中于对义韵和谐和义韵冲突的描写性研究,没有对义韵冲突产生的认知及社会性原因展开讨论,有待进一步深入探讨。

在研究路径上呈现多样性。

第一,基于平行语料库开展研究,此类研究适合文体特征比较单一的特殊文本或者单一文本,如《红楼梦》。

第二,基于可比语料库进行研究,此类研究适合进行单纯的跨语言对比、二语习得特征研究等。

第三,融合平行语料库与可比语料库的优点进行综合性研究,这是未来跨语言研究、翻译对等研究的主流方向。

（4）少数民族和非通用语种的跨语言研究极少

语义韵在国内少数民族语言和非通用语种中的跨语言研究尚属起步阶段,这与相关平行语料库的匮乏紧密相关。陶源、胡谷明(2015)依托自建俄—汉平行语料库,研究了四个致使类动词在俄语原创库、中文翻译文本库和中文原创文本库中的语义韵及"语义韵力度"(Prosodic Strength)①。

综上所述,这一阶段(2010—2019 年)的语义韵研究多集中于语言学领域的词汇、句法研究、语篇研究以及翻译学领域的翻译对等、翻译批评研究,应用范围包括二语习得中的词汇教学、写作教学、翻译实践、翻译教学以及词典编撰。少数民族和非通用语种的语义韵研究成果较少。

1.2.3 韩国语义韵研究概述

借助韩国的文献信息平台"학술연구정보서비스(RISS)"和"한국학술정(KISS)",我们以"의미적 운율""의미 운율"为主题词,共搜索到 24 篇相关论文(截至 2019 年 11 月),包括 16 篇 KCI 和 KCI 候补论文、8 篇学位论文,详见表1-2。

表 1-2 韩国语义韵相关论文年度发表数量

年度	2010	2011	2012	2013	2014	2015	2016	2017	2018	2019
期刊	0	2	3	0	3	2	2	2	1	1
学位	3	0	1	0	2	0	2	0	0	0

随着语料库语言学的发展,基于语料库的语义韵研究在全世界范围内得到重视。韩国国内的语义韵研究始于 2010 年,研究成果数量不多。研究主要集中于两个方面,一是语义韵理论和研究方法的引介,二是单语视角下的词汇和句法实证研究。

---

① 语义韵力度是节点词表达"积极"或"消极"态度意义的频数与节点词总频数的相对比值(李晓红,卫乃兴,2012a:31)。

（1）语义韵引介

首先，강범모（2011）、최준（2011，2016）、남길임（2012）等学者对语义韵的概念、扩展意义单位的五个层面（节点词、搭配、类联接、语义选择趋向和语义韵）以及研究方法进行了引介性的论述。

강범모（2011）介绍了语义韵的概念，并从语义韵的"内涵意义"（암시의미）和搭配词引发的"语义传染"两个方面进行了详细论述，指出语义选择趋向是搭配词的语义倾向特征，而语义韵则是词项的内涵意义。

최준（2011）从搭配、类联接、语义选择趋向和语义韵四个方面介绍了语义韵的基本构成要素，指出搭配是与节点词频繁共现的词语，类联接是与节点词共现的语法形式，语义选择趋向是与节点词共现的语义聚合特征，语义韵是意义单位中的功能意义。

남길임（2012）借助语义韵和类联接等概念分析了词语在语义和语法形式共现方面的倾向性，指出这种倾向性可以通过组成意义单位的词、短语以及语法形式等多方面进行论证。这一研究提到了短语在研究意义单位中的价值，这与"扩大的节点单位分析法"以及"短语型式分析法"不谋而合。

최준（2016）从"扩展词汇单位"（확장된 어휘 단위）的视角考察了共选分析法和 N-Gram 分析法（又称 N 元分析法），其中 N-Gram 是目前短语单位或词块研究常用的分析方法。

（2）单语视角下的实证研究

강범모（2011）、최준（2011）、강은정、신현정（2012）、김혜영、하승완（2012）、남길임（2014）、주보현（2014）、고언숙（2015）、이창호、이지현（2015）等就特定词语或语法结构的语义韵进行了具体分析。

강범모（2011）考察了大规模语料库（1 500 万字词）中形容词（类符 6 882，类符 875 493）的语义韵特征以及搭配名词的共现频率。语义韵描述采取了积极、消极和中性的三分法。但是语义韵极性描述过于主观，没有置于语境中深入分析。作者还从类联接的角度分析了否定结构对韩国语形容词语义韵的影响，但这种"负负得正、正负得负"式的分析方法有一定局限性。

남길임（2014）使用 21 世纪世宗计划现代国语语料库，分析了"忍耐"义动词的四个近义词（견디다、참다、감내하다、인내하다）在否定类联接形式和宾语搭配词语上的倾向性。这是韩国国内首次把扩展意义单位模型的分析方法引入近义词辨析的研究中，但是研究只停留在了语法结构和搭配的形式构成倾向上，

并没有进一步深入到语义韵的功能层面。

이창호、이지현(2015)分析了汉语被动结构的语义韵特征,发现有40%的被动句具有消极的"暗示意义"(암시의미)。

김혜영、하승완(2012)从韩国语和汉语中各选定10个强度副词(가장、매우、몹시、무척、아주、너무、되게、상당히、진짜、정말、非常、极、十分、很、格外、挺、太、相当、特别、最)进行了语义韵分析,发现韩国语中只有"가장"的积极语义韵使用频率较高,而汉语有8个强度副词的积极语义韵使用频率高于消极语义韵。

值得一提的是,남길임、이수진、강범일(2019)从历时的角度分析了"프레임"一词的使用频率、搭配关系以及语义韵变化,时间跨度选择了从1990年到2018年,提出应该将词语在历时过程中产生的"新义"(의미적 신어)补充到词典释义中去。这与陆军、吴茜于2019年发表的观点不谋而合。两篇文章都从历时的角度分析了词语的意义移变情况,陆军、吴茜文中的"新的短语单位"即是남길임、이수진、강범일文中的"의미적 신어"。不同的是,陆军、吴茜明确提出了特定事件等社会文化因素对短语单位移变的交互影响,探讨了短语单位的移变规律和发生机理。

(3)跨语言研究成果较少

在基于语义韵理论的跨语言研究,特别是翻译研究方面,韩国国内的相关成果极少。마승혜(2014)分析了韩国本土翻译家和源语民翻译家对同一文学作品的语义韵呈现情况,指出源语民翻译家能够在翻译作品中更好地反映"评价语"(평가어)的语义韵特征,并提出韩国的翻译课程应增加语义韵教学内容。

综上所述,韩国的语义韵研究主要集中在对语义韵概念及研究方法的介绍、特定词语及句法结构的语义韵考察上。韩国对于语义韵的研究更多涉及了类联接与语义韵的关系,这一点和韩国语黏着语的语言属性有直接关系。语义韵的应用研究、历时研究、跨语言对比研究及翻译研究还处于起步阶段,鲜有成果出现。基于语义韵的翻译对等、教学应用、文学语篇、批评话语分析等领域也基本无人涉足。

1.2.4 语义韵翻译对等研究尚需解决的问题

不少研究成果在研究对象的选定上靠直觉来引导,虽然直觉在语言研究中的作用毋庸置疑,正如Sinclair所说:"语言学者研究语言离不开直觉,他们总是受到直觉的引导……"但是语义韵的研究立足于语料库和数据,单纯依靠直觉选取研究对象缺乏科学性。

卫乃兴(2011a),陈鹏、濮建忠(2011)与陆军、卫乃兴(2012)在选取研究对象时强调了高频词的研究意义。这一方面由于高频词在实际语言中的广泛应用使其更具研究价值,另一方面因为目前已建成的语料库,特别是平行语料库的规模还不足以检索出大量的中、低频词。尽管中、低频词在实际应用中的广泛性不及高频词,但从二语习得的角度来看,正是这些中低频词的规范应用制约着学习者的语言能力由初、中级水平向高级水平的提高。

另外,单纯依靠词语使用频率确定研究对象具有局限性。这种局限性在单语研究或单组翻译对等词的语义韵研究中体现不明显,在多组近义词的语义韵辨析及翻译对等研究中就会暴露出来。

输入"语义韵"与"近义词"两个关键词检索知网,相关论文一共出现 7 篇(限北大核心和 CSSCI 论文),其中,双语视角下的近义词翻译对等研究仅有一篇,这显然与近年来蒸蒸日上的语义韵研究势头不成正比。杨梅(2013)在确定近义词研究对象时参考了《牛津英语同义词词典》,并且在确定汉语对应近义词词组时参照了英汉语料库的检索结果和《新华同义词词典》,这是值得借鉴的方法。

在翻译初似对等词的选定上,卫乃兴(2011a)与李晓红、卫乃兴(2012a,2012b)依据相互对应率公式确定初似对等单位,这是确定初似对等单位的比较科学的方法。相互对应率指词或结构在双向平行语料库中相互被译的比率。其计算公式如下。

$$MC = \frac{(At + Bt) * 100}{As + Bs}$$

这里的 A(源语单位)和 B(目标语单位)分别代表一对双语对应词,首次来源于单向双语语料库。At 和 Bt 分别代表 A 和 B 在双向平行语料库译文文本中出现的频数,As 和 Bs 分别代表 A 和 B 在双向平行语料库原文文本中出现的频数。

需要注意的是,通过相互对应率统计出的数值会随着语料库规模大小和语域的差异发生变化。因此,理想的状态是存在一个规模足够大、涵盖几乎所有语域的双向平行语料库。但非通用语种的对译语料获取途径单一,语域覆盖范围小。平行语料库建设周期长,难以实现共享。这是目前较难突破的现状。

当前语义韵视角下的翻译对等研究主要探讨的是翻译对等的标准和研究路径。尽管成果不多,但在以下两个方面已取得共识。

第一,语义韵一致是确定翻译对等的标准,即节点单位和初似翻译对等单位可以在搭配和类联接上存在较大差异,但所构筑的语义韵需趋于一致。也就是说,翻译对等是情感和态度意义上的功能对等。

第二,扩展意义单位是分析翻译对等的理想路径。具体路径是:观察语料库提供的语料,分别将源语节点单位和初似翻译对等单位置于各自的语法结构框架中;再在语法结构框架中观察搭配词,归纳搭配词的语义聚合倾向,抽象出语义韵特征;最后比较二者在语义韵上的对等率,判断二者是否构成翻译对等关系。

但是,仍有很多问题有待我们进一步研究。

(1)相比词而言,短语序列是否可以与源语节点单位构成更为"贴近"的对等关系?

(2)相比组成短语序列的单词而言,短语序列在共选型式上有何变化?变化的深层机理是什么?

(3)单词以上层面是指源语节点单位还是初似翻译对等单位?对等形式是否需要严格界定在词与词、复合词与复合词、短语与短语之间?还是可以拓展到词与短语、短语与词之间?

(4)词以上层面的初似翻译对等单位如何选定?选定标准是什么?研究路径是什么?

(5)对等单位是否一定要在各自的整体语义韵上一致?如果二者只在部分语料或极少数语料中达成语义韵的一致,该如何界定这些对等关系?

(6)如何验证在极少数语料中达成的翻译对等?研究路径是否可以沿用扩展意义单位模型的研究方法?

以上问题仍需进行深入研究。

1.3 研究对象与研究方法

1.3.1 本书研究对象

基于语料库的语义韵相关论文中,多数研究对象都是个体的、不成体系的,选取的标准倾向于主观性。尽管语义韵的研究范式及其在语言和翻译实践中的作用反复得到验证,但是由于语料选取上的随机性,大范围普及和应用难以推进。本书的研究目的之一是更加系统、客观地选取研究对象,为语义韵研究的易操作性提供一个参考范式。

在确定研究对象时,本书综合运用单语语料库中的词频统计、近义词词典、对应单位在平行语料库中的复现率、双语词典和学习者认知程度问卷调查等多种方式。最终确定"清楚"义近义词——"역력하다"和"또렷하다"为源语节点词研究对象。"역력하다"和"또렷하다"的翻译对应单位研究对象见表 1-3。

表 1-3 "역력하다"和"또렷하다"的翻译对应单位研究对象

源语节点词	初似翻译对等词	初似翻译对等短语序列	可译单位
역력하다	明显、历历在目	显露出、明显流露出、清晰可见、明显显得	写满、不难看出、难掩
또렷하다	清晰、历历在目		

1.3.2　研究工具和方法

本书的检索语料库包括自建韩汉平行语料库、BCC 北京语言大学现代汉语语料库①(以下简称 BCC)、CCL 北京大学现代汉语语料库②(以下简称 CCL)和 21 世纪世宗计划韩国语语料库③(以下简称"世宗计划")。这三个语料库的库容都达到千万、上亿字、词级,能够反映汉语和韩国语的整体语言特征。因此,本书选择这三个语料库构建类比语料库,从语义韵视角考察韩汉翻译对等的形式构成特征以及对等关系。鉴于目前没有可以公开使用的韩汉平行语料库,笔者自行构建了韩汉平行语料库④。

本书使用世宗计划、CCL 和 BCC 语料库考察源语节点词和翻译初似对等单位在搭配、类联接、语义选择倾向和语义韵层面的对等关系。观察与分析路径

① BCC 语料库:http://bcc.blcu.edu.cn/。

② CCL 语料库:http://ccl.pku.edu.cn/。

③ 21 世纪世宗计划韩国语语料库:https://ithub.korean.go.kr/user/corpus/corpusSearchManager.do。

④ 韩汉平行语料库在本书中的使用目的:第一,确立研究对象——翻译初似对等单位;第二,促进数据驱动式翻译教学模式的推广。

主要包含两个方面,可以用"远观大局,近看局部"来概括。

"远观大局"主要指被研究语料必须具备一定的规模,是从千万词级以上的大规模语料库中检索而出,这保证了所得结论符合语言的整体特征。然后运用 AntConc 语料库检索工具中的 Wordlist 和 Collocates 功能,把以节点词为中心的左右搭配词语进行"排列重组",使具有显著搭配特征的高频率或高相关率(MI 值)搭配词语"浮出水面",并对其进行解读,宏观把握共现词语的语义选择趋向,初步判断语义韵特征。解读数据主要参照 AntConc"高频词共现分析"(Collocates)的左右共现频率和 Stat 值。这种分析方法旨在从宏观上把握节点单位的高频搭配倾向,因此得出的结论可能不够全面,仍需进一步进行微观分析。

"近看局部"主要指随机抽取检索结果中的 100 个索引行,对扩展语境进行"放大镜"式的细致观察。当然,观察的语料规模并不一定要限定 100 个,可以更少,也可以更多,这取决于扩展意义单位的复杂程度,如果足够清晰明了,观察语料可以缩减,如果相对复杂,呈现出较多的语义韵"分枝",观察语料就要相应增加。观察层次按照扩展意义单位的四个维度进行,即搭配、类联接、语义选择趋向和语义韵。最后,对比节点词和翻译初似对等单位的语义韵,判断对等关系。

本书参照的 Stat 值具有重要的解释作用。AntConc 搭配分析中的 Stat 值将设置为 MI 值(Mutual Information Score,互信息值)。MI 值主要通过共现词语的"非随机性"(non-randomness)来呈现词语搭配的显著性(邓耀臣,2003:76)。基于语料库的词语搭配研究通常把 MI 值等于或大于 3 的词语作为显著搭配词语。MI 值越大,说明节点单位对共现词语的吸引力越强。我们可以通过 MI 值判断节点词与共现词语之间是否存在较强的搭配关系,即是否构成典型搭配。

但需要指出的是,某些搭配词语尽管 MI 值很高,但和节点词的共现频数很低。以"理应"一词为例,高频词共现分析结果以 Stat(MI 值)排序,将会发现 MI 值最高的前十个搭配词语为"英文、牟、弱国、开幕式、幸运者、壮观、培、团体操、俘虏、stress",这些词语的共现频率仅为 1(包含节点词左右共现频率相加),但 MI 值却都超过了 6。探其原因,是因为这些搭配词语在语料库中出现的频率本身极低,且几乎都与节点词结伴出现,即如果搭配词语在整个分析语料库 ① 中

---

① 此处的"分析语料库"由从 CCL 语料库中检出的索引行构成,非 CCL 语料库本身。例如在 CCL 语料库中检索"理应",共获得 3 057 个检索结果,这些检索结果的索引行构成"理应"一词的分析语料库。

出现的频率很低,并且全部与节点词共现,那么二者的 MI 值一定很高。这也说明,对于语料库中的低频词(频率小于 10),MI 值的可信度相应较低,我们不确定这些高 MI 值是源于二者之间真实的紧密关系还是源于语料的特殊性。因此,本书在考察搭配关系时,采取共现频率排序法,同时结合 MI 值的大小来确定哪些词语值得重点关注。

有些搭配词语共现频率很高,但是 MI 值较低,可以不作为重点观察对象。而有些搭配词语共现频率相对不高,但是 MI 值却比临近的搭配词语显著高出许多,这些词语就需要特别关注。例如在观察"显露出"的共现词语时,"但"的共现频率高达 43,但是 MI 值仅为 3. 715 97,这一数值尽管超过了 3,但是与邻近共现词语的 MI 值相比较低,因此不作为重点考察对象。与此相反的是,"端倪"一词尽管共现频率仅为 6,但是 MI 值却高达 5. 408 64,远远高出了临近共现词语。另外,"端倪"与"역력하다"高频共现词中的"기미"意义相似,因此可视为重点考察的高频共现词。

第二章　在线韩汉双语平行语料库的构建

2.1　语料库的基本概念和建设现状

2.1.1　语料库的定义和分类

语料库是一种语言数据的集合,语料来源可以是书面语,也可以是口语。这些数据可以作为语言描述的起点,也可以用于验证有关一种语言的假设。Sinclair(1991)给语料库下了定义:"语料库是一种自然发生的语言文本的集合,用来描述一种语言的状态或变化。"① Xiao 和 Mcenery (2006)认为语料库必须是机器可读的电子文本,是真实发生的语言(包括口语或书面语),是经过严格取样而来,能够代表一种语言或语言变体。

语料库按照不同研究目的可分为几个类型。梁茂成(2016)对语料库的分类进行了详细说明。按照语料库是否能代表一种语言的整体性,语料库可以分为"通用语料库"(General Corpus)和"专门用途语料库"(Specialized Corpus);按照语言传播媒介的不同,语料库可以分为"口语语料库"(Spoken Corpus)和"书面语语料库"(Written Corpus)②;按照语言产出者的身份,语料库可以分为"本族语者语料库"(Native Speakers Corpus)和"学习者语料库"(Learner Corpus) ③;按照语料产生年代划分,语料库可以分为"共时语料库"(Synchronic Corpus)和

---

① Sinclair 对 "corpus" 一 词 的 定 义 是 "A collection of naturally occurring language text, chosen to characterize a state or variety of a language"。

② 近年来,随着计算机处理能力的提升,出现了集合音频、视频和文本等多种信息的多模态语料库,但是多模态语料库的构建仍处于起步阶段,因此没有成为语料库的主流类型。

③ 由翻译文本构成的翻译语料库也成为区别于本族语者语料库的类型之一。

"历时语料库"(Diachronic Corpus);按照构成语料库语言种类的多少划分,语料库可分为"单语语料库"(Monolingual Corpus)、"双语语料库"(Bilingual Corpus)和"多语语料库"(Multilingual Corpus)。语料库的详细分类如表 2-1 所示。

表 2-1　语料库类型

分类标准	类型
代表性	通用语料库、专门用途语料库
传播媒介	书面语语料库、口语语料库、多模态语料库
语言产出者	本族语者语料库、学习者语料库、翻译语料库
产生年代	共时语料库、历时语料库
语言种类	单语语料库、双语语料库、多语语料库

本书用于组建类比语料库的 CCL 北京大学现代汉语语料库、BCC 北京语言大学现代汉语语料库和 21 世纪世宗计划韩国语语料库属于单语语料库和通用语料库。语料所属语域覆盖范围广,库容达到千万、上亿字词,能够代表各自所属的语言特征。表 2-2 是三种语料库的具体信息。

表 2-2　CCL、BCC 和世宗计划语料库的基本信息

语料库	语域	库容
BCC	新闻、文学、微博、科技、综合、古代汉语	150 亿字
CCL	文学、戏剧、报刊、应用文、史传、口语、电视电影、网络语料、翻译作品等	581 794 456 字符
世宗计划	新闻、期刊、教材、文学(小说、诗歌、散文等)、词典、其他出版物等	35 882 340 词

2.1.2　双语平行语料库的构建现状

王克非(2012)认为双语平行语料库建设为语言研究、翻译研究、外语教学、词典编撰和跨语言信息检索等提供了最好的平台,同时还可用来考察和验证基于单语语料库或者基于直觉提出的假设,具有广阔的应用前景。在跨语言对比和翻译研究中,平行语料库作为连接两种语言的数据源,可以提供最为真实的双语对应单位。研究人员结合类比语料库对对应单位进行语言学分析,得出两种语言在形式构成、意义和功能上的异同点。研究成果的应用领域广泛,可以直接用于双语词典编撰、翻译实务和翻译教学。平行语料库还可以为翻译实践和翻

译教学提供大量的双语对译句对,这些句对将成为翻译实践和教学的有益参考。同时,将平行语料库的储存格式转变为记忆库的格式,可以开展计算机辅助翻译实践和教学,大大提高翻译的效率。如果记忆库的库容足够大,或者尽管库容不大,但是语料所属语域十分集中,那么记忆库还可用于机器翻译和自然语言处理。

平行语料库的应用价值已经得到了学界的认可,但是平行语料库的构建不同于单语语料库。首先,构建平行语料库需要具备平行文本,且文本必须是可机读的电子文本。这在通用语种(英语、汉语等)之间并不难找,但是涉及非通用语种的平行文本相对较难搜集。第二,对译文本的翻译质量参差不齐,用于构建平行语料库的翻译文本需要具备较高的翻译水准。第三,平行语料库的构建过程复杂,相对单语语料库,增加了平行对齐的步骤。目前软件对齐的准确率无法达到100%,必须辅以人工对齐,这无形中增加了构建平行语料库的时间投入。这些因素使得平行语料库的构建数量比单语语料库少,库容也较小。中韩两国的部分平行语料库建设现状如表2-3、表2-4所示。

表2-3 中国部分平行语料库的建设现状

构建时间	语料库种类	规模
2002—2003 年	通用汉英对应语料库①(北外中国外语教育研究中心)	库容:3 000 万字词
2011—2014 年	中国英汉平行语料库(北外中国外语教育研究中心)	库容:1 亿字词②
2004 年	香港平行文本库③ (Hong Kong Parallel Text)	库容: 590 万字词(英语) 980 万字词(汉语)
20 世纪 90 年代末	汉英平行语料库(北京大学计算语言学研究所)	库容:5 万句对
不详	哈尔滨工业大学英汉双语语料库	库容:40 万句对
不详	CCL 汉英双语语料库(北京大学中国语言学研究中心)	库容:23 万句对
2003	中日对译语料库(北京外国语大学日本学研究中心)	库容:2 000 万字词

---

① 中英双语在线(Chinese-English Online),提供 200 万字词检索。网址:http://202.204.128.82/CEO/。

② 中国英汉平行语料库包含通用型平衡语料库和特定性专门语料库两个字库,通用型平衡语料库的库容为 5 000 万词,特定性专门语料库的库容为 5 000 万词。

③ 由 2 000 个已建成的香港法律辩论语料库、香港法律语料库、香港新闻语料库组成。

续表

构建时间	语料库种类	规模
2008 年	南京国际关系学院英汉平行语料库（PECC）	库容：2 000 万字词 英汉：60% 汉英：40%
2009 年	莎士比亚英汉平行语料库（上海交通大学）	库容：213 万字词
2008 年	燕山大学红楼梦汉英平行语料库	库容：277 万字词
动态	绍兴文理学院在线中国汉英平行语料大世界（包含鲁迅小说汉英平行语料库、中国法律法规汉英平行语料库、中国四大名著汉英平行语料库等④）	库容：不详
不详	范本财经英日汉平行语料库（台湾辅仁大学）	库容：10 万句对
2010 年	英汉旅游文本语料库（香港理工大学和北京外国语大学）	库容：200 万字词
2008 年	中国朝鲜语语料库（文学平行语料库）	不详

表 2-4 韩国部分平行语料库的建设现状（서상규，2008）

构建时间	语料库种类	语料库规模
1998—2007 年	21 世纪世宗计划韩英平行语料库	库容：570 万字词
2001—2007 年	21 世纪世宗计划韩日平行语料库	库容：131 万字词
2003 年	21 世纪世宗计划韩中平行语料库	库容：约 5 万字词
2003 年	21 世纪世宗计划韩法平行语料库	库容：约 4 万字词
2003 年	21 世纪世宗计划韩俄平行语料库	库容：约 6 万字词
2001—2003 年	韩日平行语料库	库容：60 万字词
2004—2007 年	韩国语—德语双向平行语料库（韩国外国语大学）	库容：(韩国语)约 120 万字词
2005	KORTERM 韩汉平行语料库	库容：6 万句对
2009—2010 年	SK-延世大学平行语料库	库容： 韩英 50 万句对 韩中 50 万句对

从表 2-3 和表 2-4 中可以得出以下结论。

第一，中国国内构建的平行语料库以汉语和英语为主，语料库的库容相对较大，其中北京外国语大学中国外语教育研究中心研制的中国英汉平行语料库达

④ 在线检索网址：http://corpus.usx.edu.cn/。

到了 1 亿词级。另外,北京大学研制的 CCL 汉英双语语料库和绍兴文理学院研制的鲁迅小说汉英平行语料库、中国法律法规汉英平行语料库、中国四大名著汉英平行语料库已经实现了在线检索,大大促进了语言研究和应用的发展。值得关注的是,2008 年,延边大学在中国国家语委的立项支持下,开始创建中国朝鲜语语料库。朝鲜语语料库包含文学平行语料库、学习者语料库和文献语料库三个字库,学习者语料库和文献语料库均属单语语料库,文学平行语料库对于翻译研究与应用将具有重要意义。但遗憾的是,中国朝鲜语语料库的最终成果并未公开。

第二,韩国国内构建的平行语料库包含英语、日语、汉语、法语、俄语、德语等多个语种,其中 21 世纪世宗计划韩英平行语料库和 SK-延世大学平行语料库库容较大,库容分别为 570 万字词和 50 万句对。但是,除了 21 世纪世宗计划韩英和韩日平行语料库,其他语料库仍处于未公开使用的状态。汉韩双语平行语料库包含延世大学语言信息研究所研制的 21 世纪世宗计划世宗韩中平行语料库(2003,5 万字词),主要用于语言学研究和自然语言处理。韩国科学技术院术语研究中心研制的 KORTERM 韩汉平行语料库(2005,6 万句对)主要用于机器翻译和在线词典编撰。延世大学创建的 SK-韩汉平行语料库(2009,50 万句对)主要用于机器翻译。这三个平行语料库均不对外公开。

综上所述,中国和韩国国内构建的平行语料库主要以英语语种为主,目前没有可以公开使用的韩汉—汉韩平行语料库,这严重阻碍了相关学术研究和应用研究的开展。因此,本书在开始主体研究之前,需要构建具备一定规模的韩汉平行语料库。

2.2　平行语料库构建

构建平行语料库至少需要 5 个步骤,包括语料库设计、语料搜集、文本清洁、语料对齐、语料检索。

2.2.1　平行语料库设计

建设平行语料库需要首先考虑的是建库目的。根据语料库的使用去向,平行语料库可以分为通用型平行语料库和专门用途平行语料库。

通用型平行语料库通常具有库容大、语域和时代覆盖范围广的特点。例如,中国英汉平行语料库(1 亿字词)是目前中国最大的通用型平行语料库。其创建目的是服务于自然语言处理、语言工程、语言对比研究(包括共时与历时对比)、翻译研究、翻译教学与实践以及双语词典编撰,因此,需要考虑共时、历时和翻译方向的平衡性。中国英汉平行语料库在语料采样上分为5大类(文学、新闻、政论、科技、应用文),各大类下面又分为若干小类,基本涵盖了常用的语体和语域,这是共时上的平衡。语料的历时平衡是指从语言发展的实际情况出发,分段采样以便所建语料库能反映出现代汉语的发展轨迹(王克非,2012)。中国英汉平行语料库将20世纪分为5个阶段,重点收集各阶段某5年的语料。在翻译方向的平衡性上,中国英汉平行语料库包括了三分之二的英译汉语料和三分之一的汉译英语料(英译汉从数量和质量上优于汉译英)。

专门用途平行语料库服务于特定目的,通常具有库容相对较小、语料的语域或时代范围较为集中的特点。例如,中国英汉平行语料库在创建通用型语料库之外,还建立了4个专门用途英汉平行语料库,分别为新闻英汉平行语料库、交通英汉平行语料库、财经英汉平行语料库、英汉口译语料库。上海交通大学莎士比亚英汉平行语料库、燕山大学的红楼梦平行语料库、绍兴文理学院的鲁迅小说汉英平行语料库、中国法律法规汉英平行语料库、中国四大名著汉英平行语料库等都属于专门用途平行语料库。

本书创建的平行语料库主要应用于韩汉翻译教学和翻译研究,因此,在语料库设计上需要考虑以下几点。

第一,本次建库的主要目的是为学生提供一个自主学习和实践的平台,同时兼顾面向翻译教学的翻译研究。因此,本书考察了目前国内通用的韩国语本科专业翻译教材,教材内容有相当的比重侧重于讲话、致辞、演讲文、新闻、社论、文学等语域和文体。例如北京大学出版的《韩中翻译教程》(2012)[①] 是国内韩国语专业的通用教材,演讲、致辞等文体的比重占全本20%,新闻文体[②] 的比重占30%,学术论文占10%。另外,文学翻译对于促进两国文化传播与交流具有重要意义,对翻译者来说,文学体裁的翻译是最能考验翻译水平的体裁之一。因此,

---

① 《韩中翻译教程》全书分为10个章节,分别为简历与自我介绍、请柬、祝词、演讲、新闻、社论、评论、声明、介绍、论文。

② 新闻文体,亦称"新闻体裁",指新闻报道或评论的各种类别与样式。常见的有消息、通讯、新闻特写、新闻公报、调查报告、专访以及社论、编辑部文章、评论员文章、述评、短评等(上海辞书出版社《大辞海》在线数据库:http://www.dacihai.com.cn/index.html)。

本书把新闻、演说文和文学作为平行语料库的主要分类创建框架,在此框架之上收集语料。

第二,译文的准确性是收集语料时需要重点考虑的问题。为保证语料的质量,我们分别从三个方向收集语料。

演说文以公开出版的教材、文稿集作为语料来源。收集的语料有《中韩建交 20 周年重要演讲文稿集》《韩国语口译教程》《中韩翻译教程》《韩中翻译教程》《韩汉同声传译理论与实务》《中韩口译入门》以及《韩国语应用文写作实训教程》等,共计 20 万字。

新闻类语料主要来源于韩国《中央日报》①《东亚日报》② 的中文版,另有少量语料来自大韩民国驻中国大使馆、首尔市文化观光局、韩国国立中央博物馆、大韩民国文化体育观光部、TCS China、驻华韩国文化院、央视网、山东省商贸厅等机构的门户网站。新闻类语料共计 530 万字。

文学语料的选取主要考虑两点,分别是原文质量和译文质量。本书选取的 7 部文学作品全部为获奖作品或长期畅销图书,这保证了原文的文本质量。7 部文学作品的中文译本由中国高质量出版社出版,并在中国最大的图书网站上长期占据"韩国文学作品 TOP10"的地位,这保证了译文的文本质量。文学类语料共计约 70 万字。

第三,部分平行语料库的语料并不是全文录入,而是采取定量抽样录入的方式,用以确保语料库具备更加广泛的代表性。本书创建的文学子语料库也采取了这种方式,每部作品随机抽取了 35～40 页原文。但是,演说文和新闻语料采取了全文录入的方式,一方面由于演说文和新闻的篇幅不长,另一方面也为了完整呈现两类文本的文体特征。另外,文学类可读电子文本的获取使用了 ABBYYFineReader 文字识别软件。

第四,本书创建的平行语料库为韩汉单向平行语料库,即语料库中只包含韩国语的原语文本和对应的汉语目标语文本。表 2-5 和表 2-6 详细列出了韩汉平行语料库的分类、库容及语料来源。

---

① 《中央日报》中文版网址:https://chinese. joins. com/gb/default. aspx?cloc=joongang-home-chinese。

② 《东亚日报》中文版网址:http://www. donga. com/cn。

表 2-5　韩汉平行语料库的设计和库容

语域	文本对	句对	字数		出处
			韩文	中文	
新闻	2 191	60 324	2 420 934	2 187 032	《中央日报》2008—2015
	400	5 491	246 053	232 097	《东亚日报》2014—2016
	190	2 891	114 738	105 839	大韩民国驻中国大使馆、首尔市文化观光局、国立中央博物馆、大韩民国文化体育观光部、TCS China、驻华韩国文化院、央视网、山东省商贸厅相关网站
文学	7	11 925	386 372	309 471	《七年之夜》《我至死追求生之乐趣》《肮脏的书桌》《化身九双鞋的男人》《监狱里的思索》《光之帝国》《你的夏天还好吗？》
演说文	106	5 121	262 574	197 472	
其他（剧本、艺术、学术论文）	7	3 219	90 807	79 747	
合计	2 902	88 971	3 319 428	2 993 990	
			共计 6 313 418 字		

表 2-6　文学语料详细信息

原作	译作
《더러운 책상》（第 18 届万海文学奖获奖作品）	《肮脏的书桌》（人民文学出版社）
《아홉 켤레의 구두로 남은 사내》（第 4 届韩国文化作家奖获奖作品）	《化身九双鞋的男人》（浙江大学出版社）
《감옥으로부터의 사색》（被韩国教育厅列入"韩国人必读书目"）	《监狱里的思索》（北京时代华文书局）
《7 년의 밤》（世界文学奖获奖作品）	《七年之夜》（天津人民出版社）

续表

原作	译作
《빛의 제국》 （现代文学奖、东仁文学奖、万海文学奖获奖作品）	《光之帝国》 （人民文学出版社）
《너의 여름은 어떠니》① （大山文学奖、李箱文学奖、金裕贞文学奖获奖作品）	《你的夏天还好吗？》 （人民文学出版社）
《나는 죽을 때까지 재미있게 살고 싶다》 （连续 17 个月位居最畅销图书 TOP10）	《我至死追求生之乐趣》 （黑龙江朝鲜民族出版社）

2.2.2 文本清洁

经过 OCR 文字识别软件获取和从网上获取的电子文本中存在检索软件不可识别的图片、符号以及不规范的标点、文字等"杂质"，这些"杂质"会对后续的对齐工作产生较大阻碍。因此，去除这些"杂质"，并对文本进行校对是提高对齐效率的关键。EmEditor、EditPlus 等文字编辑器是常用的预处理软件。本书使用 EmEditor Professional v18.9.8 进行文本清洁工作。为提高清洁文本的效率，对于多余空格、空行等常见的问题，可以利用"正则表达式"②（Regular Expression）和文本编辑器中的"宏"录制功能，以便于"一键清除"。但是，不同的原始文本存在不同的"杂质"，需要视情况分别清除。以下 5 点是所有文本清洁工作都必须注意的内容：

　　a. 去除符号、图片、注释等不必要的"杂质"；

　　b. 处理有误的回车键；

　　c. 去除多余的空格和空行；

　　d. 修正拼写法和隔写法中的错误（针对韩文）；

　　e. 修正标点符号使用错误。

表 2-7 展示了未经文本清洁导致的对齐错误实例。

---

① 这一作品收录于作品集《비행운》（김애란，2012：7-44）。

② 正则表达式是计算机科学的一个概念，通常被用来检索、替换那些符合某个模式或规则的文本。

表 2-7　未经文本清洁导致的对齐错误

'평화의 추구' 를 회의 주제로 내걸었습니 다. 이는 전 세계 여성사업의 추진에 새로 운 활력 을 불어넣는 일이 아니라 할 수 없습니다. 우 리는 세계는 평화를.	这次世界妇女大会确定"以行动谋求平等、发展 与和平"的主题,无疑是给全球妇女事业的发展 注入新的活力。
국가는 안정을.	
경제와 사회는 발전을.	
여성은 해방을.	
남녀 평등을 실현하는 것이 각국 여성들의 보 편적인 염원이자. 거스를 수 없는 시대적 대세 임을 알고 있으며.	我们高兴看到,世界要和平,国家要稳定,经济要 发展,社会要进步,妇女要解放,男女要平等,已 成为各国妇女的普遍愿望,也是不可抗拒的历史 潮流。

如表 2-7 所示,韩文中错误使用了句号标点".",自动对齐时经常当作多个 句子来处理,这就使得自动对齐的准确率大大下降,增加了手动对齐的比例。

在使用 EmEditor、EditPlus 等文字处理软件进行预处理时,需要学会使用正 则表达式,表 2-8、表 2-9 是笔者整理的处理中韩文的正则表达式。

表 2-8　中文处理的基本正则表达式

正则表达式	处理目标
思路一	
1. "\r\n"替换为"</p>\n<p>"	添加段落标记 <p> 和 </p>;\r 是回车符;\n 是换 行符,代表新起一行
2. "\n<p>\s*</p>\r"替换为空	可以替把 <p></p> 的空行整体去掉
3. "\s*"替换为空	把所有空格都去掉
4. "<p>\s*"替换为"<p>"	去除行首空格(这一步可不做)
思路二(代替思路一第 2 步和第 4 步的操作)	
1. "\n\s*\r"替换为空	全文变成一行,消除回车和空行
2. "</p><p>"替换为"</p>\n<p>"	去空行后再次分段

表 2-9　韩文处理的基本正则表达式

正则表达式	处理目标
思路一	
1. "\r\n" 替换为 "</p>\n<p>"	添加段落标记 <p> 和 </p>；\r 是回车符；\n 是换行符，代表新起一行
2. "\n<p>\s*</p>\r" 替换为空	可以把 <p></p> 的空行整体去掉
3. "\b\s*\b" 替换为一个空格	去除单词之间的多余空格，但在所有的标点前后添加了一个空格
4. "\b\s*\，" 替换为 "，" "\s*\b" 替换为一个空格	将所有标点规范化：去除标点前空格，同时添加标点后空格，每一个标点如是操作 （建议：在校对时统计文本中出现的所有标点符号，以便于此处的操作）
5. "<p>\s*" 替换为 "<p>"	去除行首空格
思路二（代替思路一第 2 步和第 5 步的操作）	
1. "\n\s*\r" 替换为空	全文变成一行，消除回车和空行
2. "</p><p>" 替换为 "</p>\n<p>"	去空行后再次分段

2.2.3　对齐方法

　　本书采用句级对齐方式。对齐是构建平行语料库最为费时费力的步骤，单纯依靠手动对齐需要相当多的人力和时间，几乎不可能实现。因此，借助一些对齐应用软件是目前比较常用的做法。自动对齐可以通过 ParaConc、Alinger 等专业对齐软件或者 Trados、Dejavu、Bitext2tmx、雪人等 CAT 工具来实现。但是，这些工具多适用于英文、中文等主流语言。经笔者验证，这些工具对于汉语和韩国语对齐的准确率很低，只有 CAT 工具雪人（韩文版）和 Tmxmall[①] 的在线对齐功能能够确保较高的准确率。

　　为验证雪人 CAT（韩文版）和 Tmxmall 对齐的准确度，本书随机抽取了 100 个自动对齐的句对。经过人工统计，雪人 CAT（韩文版）的对齐准确率达到 92%，Tmxmall 的对齐准确率达到 80%。因为试验的句对有限，雪人 CAT（韩文版）和 Tmxmall 的韩汉对齐准确率有待进一步验证。需要关注的另外一点是，

---

① Tmxmall 是一个发展迅猛的在线语料交换服务企业，其服务优化速度常常超出想象。Tmxmall 的在线对齐网址：https://www.Tmxmall.com/aligner。

Tmxmall 和雪人 CAT（韩文版）的对齐不是免费获取的功能，Tmxmall 按照对齐文本数量收费，雪人 CAT（韩文版）需要购买付费软件。

本书构建的语料库文本数量巨大，因此选取雪人 CAT（韩文版）作为自动对齐工具。但是，无论自动对齐的准确率达到多高，人工校对都是不可缺少的一步。经过人工校对，发现了几点影响对齐准确率的问题。

例（1）

중국이 WTO 에 가입하면서 거의 대부분의 세계적인 다국적 기업이 중국에 진출했습니다 . 일본의 7 대 가전제품 제조업체가 모두 중국에 공장을 두고 있으며, 한국의 가전 제품 제조업체도 많이 진출해 있습니다 . 미국의 월풀, 제너텍, 제너럴 일렉트릭사, 그리고 유럽의 지멘스, 필립스 등도 중국에 (진출해서) 투자해서 공장을 건설하고 있습니다 .	随着中国加入 WTO,世界上大的跨国公司几乎都到中国来了,像日本的 7 大家电制造企业,都在中国有工厂,韩国的家电企业也有很多,美国的惠尔浦、美泰克,还有欧洲的西门子、菲利浦等也到中国来投资建厂。

例（1）由于中韩文句法结构不同，对齐过程中经常出现 1 对多（1 个句子对应多个句子）或者多对 1 的情况。这是因为软件开发时，除了意义对应，句号标点对应也被当作自动对齐的一个标准。如例（1）所示，自动对齐结果为 3 个韩文句子对应 1 个中文句子，如果单纯用于平行语料库的检索没有问题。但是，我们需要注意的是，平行语料也可以转化成翻译记忆库应用于机器辅助翻译。因此，为提高翻译记忆库的使用效率，分成较小的短句比较理想。综合考虑，在对齐过程中，可分别保存为两个文件，一个用于平行语料库检索，一个用于机器辅助翻译。

例（2）

인터넷 시대에는 시장의 변화가 매우 빠르며 기업의 (활동) 영역도 전 세계로 점차 확대되고 있습니다 . #	在互联网时代,没有一个企业可以消灭或打倒所有竞争对手,也没有一个企业可以满足所有消费者的所有需求,所以大家必须联合起来。在互联网时代,市场变化得太快,企业的空间越来越大,大到整个地球。

如例（2）所示，译文与原文不相符，出现了漏译的情况。这种对齐语料对于翻译教学的参考价值将大打折扣。对于此种情况，有两种处理方式可以借鉴。第一，考虑到整体文章的脉络，添加符号＃表示漏译；第二，如果发生大段的漏译，

但不妨碍整体文章脉络,可以选择删除。

例(3)

현재 아시아 경제는 회복세를 보이고 있으며, 유럽 통합도 지속적으로 추진되고 있습니다. 1999년 ASEM 회원국의 GDP 는 15 조 달러에 달해 전 세계 GDP 절반 정도를 차지했습니다.	目前,亚洲经济呈现可喜的恢复势头,欧洲一体化不断推进。1999 年,亚欧会议成员国的国内生产总值已达 15 万亿美元,占全球国内生产总值的一半左右。

例(3)原文和译文各对应两个句子,本来可以完美地分成两个句对,却被自动处理成一个句对。究其原因,是因为韩文中第一个句子的句号后面没有隔写一格,软件无法识别这样的韩文句号。因此,规范语料中的标点以及空格是提高自动对齐效率的重要一步。

例(4)

홍로의 부대원인 영길은, 고참 1, 2, 3 의 상습적인 구박에 시달린다. 다른 사람이 그를 보호하기도 하지만, 고참 1, 2, 3 의 구박으로 영길은 훈련에서 낙오한다.	- 红雷指挥下的士兵英吉,整日饱受老兵 1、2、3 的折磨和欺负,尽管其他人也会照顾他,但是因为老兵 1、2、3 对他的折磨,英吉在训练中落伍了。
-	
홍로는 낙오하는 영길에 불만을 가진다. 전역을 명령하는 그.	- 红雷对于落伍的英吉感到不满,命令他转业退役。
영길은 매달린다. '군인이 되고 싶었던 이유는 할머니의 오랜 염원이었습니다'.	英吉纠缠红雷请求不要让他退役,说道:"我之所以想成为军人,是因为那是奶奶很久以来的心愿"。
-	
그런 할머니는 '치매'에 걸린 상태였고, 할머니를 10 살짜리 어린 꽃순이 돌보고 있었다.	- 他的奶奶得了痴呆,10 岁的花顺照顾着她。 * 小规模的第一轮火山爆发。
*	

例(4)是未经过降噪处理即进行对齐得到的结果,文本中的"-""*"等符号阻碍了对齐的准确率,手动对齐的过程无异于逐一删除文本杂质的过程,这也再次验证了文本清洁的重要性。

2.2.4　检索方法

目前,常用的平行语料库检索软件有巴罗博士的 ParaConc,中国传媒大学的 CUC-ParaConc,以及北京外国语大学的 BFSU ParaConc。除此之外,Trados、

Dejavu、Bitext2tmx、雪人等 CAT 软件也可以提供双语检索功能。经笔者逐一验证，CUC-ParaConc 和雪人 CAT 可以检索韩汉语言对。因此，本书把创建的平行语料库保存为两种格式：一种按照子语料库的分类保存为纯文本格式（.txt），放置于一个文件夹下，用于 CUC-ParaConc 的检索；另一种保存为雪人记忆库，并加载在"韩译中"项目文件（.stp）里，使用时可以打开项目文件，使用"记忆库检索"功能进行检索。图 2-1 和图 2-2 分别是 CUC-ParaConc 和雪人 CAT 的检索页面：

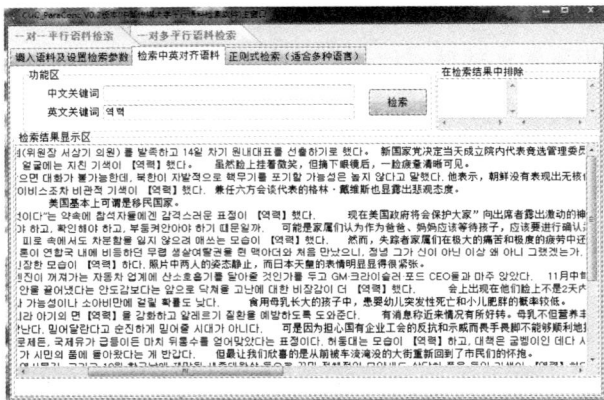

图 2-1　CUC-ParaConc 双语检索结果

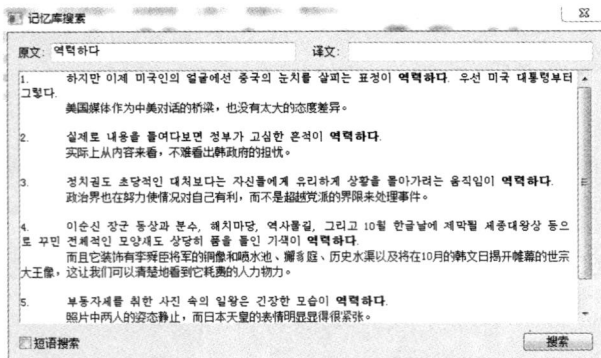

图 2-2　雪人 CAT（韩文版）双语检索结果

CUC-ParaConc、雪人 CAT 可以用于语言研究，但是不适合广泛地应用于翻译教学，特别是学生的自主翻译学习。主要原因有两个：一是语料库的库容巨大，一一复制给学生使用不具有现实可行性；二是部分语料涉及版权问题，不能复制到第三方电脑上。

为解决这一问题,我们拟构建在线检索平台。

2.3 平行语料库在线检索平台建设

2.3.1 在线检索平台的建设现状及意义

平行语料库在对比语言学和翻译学研究上的作用毋庸置疑,目前已经建成的平行语料库数量众多,但是由于著作权等问题,很多平行语料库的使用范围只局限于少数研究人员和研究机构,这导致平行语料库重复建设、人力以及资金投入与产出不成正比,也使得相关研究无法展开。语料库的易用性是开展翻译教学应用研究的重要前提,因此,构建可以在线检索的平行语料库应用平台是当务之急。

为促进语料库的网络推广,解决语料库应用中的版权问题,兰卡斯特大学于2008年成功研发CQPweb语料库分析系统。CQPweb是第四代基于网络的语料库分析系统,其主要分析功能包括索引行、搭配、词频、关键词、分布分析等。由于全面支持utf-8编码,理论上可以处理世界上任何语言的语料库(许家金,吴良平,2014)。目前,国内采用CQP搭建的语料库检索分析平台有北京外国语大学多语种(英语、汉语、德语、日语、俄语、阿拉伯语、冰岛语)BFSUCQPweb(2014)、华中农业大学农科英语CQPweb(2015)、台湾师范大学现代汉语(繁体)CQPweb、香港理工大学语言与多模态实验室研制的英语CQPweb。CQPweb在国外的应用更为广泛,最著名的有兰卡斯特大学研制的多语种CQPweb(40多个语料库),同时还有德语议会语料库、瑞士立法语料库、当代葡萄牙语语料库、当代西班牙语语料库、土耳其语语料库、加拿大生物医学英语语料库等都是采用CQP在线分析平台,实现了语料库应用的最大化。表2-10详细记录了基于CQPweb的在线语料库建设现状。

表 2-10 CQPweb 语料库建设情况(许家金,吴良平,2014)

大洲	研究机构	语种	网址
亚洲	北京外国语大学	英语、汉语、德语、日语、俄语、阿拉伯语、冰岛语	124.193.83.252/cqp
	台湾师范大学	现代汉语(繁体)语料库	140.122.83.250/cqpweb
	华中农业大学	农科英语语料库	http://211.69.132.28

续表

大洲	研究机构	语种	网址
欧洲	英国 Lancaster University	多语种，40 多个语料库	cqpweb.lancs.ac.uk
	德国 University of Duisburg-Essen	德国议会语料库	polmine.sowi.uni-due.de/cwb
	瑞士 University Zürich	瑞士立法语料库	server.linguistik.uzh.ch/ cqpweb
	葡萄牙 University of Lisbon	当代葡萄牙语语料库	alfclul.clul.ul.pt/CQPweb
	西班牙 Universitat Autònoma de Barcelona	当代西班牙语语料库	sfncorpora.uab.es/CQPweb/ cea
	土耳其 TS Corpus	土耳其语语料库	tscorpus.com/eng
美洲	加拿大 BMH Linguistics	生物医学英语语料库	cqpweb.wetware.ca

CQPweb 作为第四代语料库检索分析工具，可以把语料库文本资源与分析工具合二为一。从功能上看，CQPweb 语料库在线检索平台几乎可以实现目前主流语料库分析工具（WordSmith、AntConc、PowerConc 等）的所有功能。[①]英国、美国、德国、西班牙、加拿大等国家的高校和教育机构已经利用 CQPweb 语料库在线检索平台取得了令人瞩目的成果。

本书通过自建 CQPweb 韩汉平行语料库检索平台，解决因著作权造成的语料库利用率不高以及重复建设等问题。同时，开展基于 CQPweb 平行语料库的语义韵翻译对等研究和翻译教学研究，探讨教学中的应用方法、面临问题以及未来的应用前景。

2.3.2　构建 CQPweb 检索平台

CQPweb 系统由三个部分组成，分别为 CWB（The IMS Corpus Workbench）、

---

① CQPweb 可实现的功能包括在线生成"词频表"（Frequency List）；"查询"（Query）字词、语言结构等，以获取大量语言实例或相应结构的出现频次，并可按语体、年代、章节、学生语言水平级别、写作题材等分别呈现查询结果；计算特定词语在语料库中的典型"搭配"（Collocation）；计算语料库的"主题词"（Keywords）（许家金，吴良平，2014）。

Perl API 和 CQPweb。其中，CWB 是语料库，Perl API 是 CWB 提供的接口，CQPweb 则是基于网络的图形界面和分析工具。CWB 支持 Windows、Mac OSX、Linux 等多种平台，但 CQPweb 暂时只支持 Linux，因此需要在 Linux 操作系统上完成 CQPweb 语料库在线检索平台的构架。CQPweb 的主要构成元素为后台 Open Corpus Workbench 3.0+ 和用户界面 CQPweb。后台数据信息包括两个层次，一是文本数据信息，二是语料库元信息。两种信息运行于 CQPweb 后台的服务器上，文本数据信息实现一般检索，语料库元信息实现分类检索。

CQPweb 检索分为简单检索和复杂检索。简单检索即关键词、短语等的检索，这种检索方法十分简单，稍加培训即可掌握。如果用于本科翻译等课程的教学，学生只要掌握简单检索技术即可。复杂检索主要指正则表达式检索，通过正则表达式检索可以发现和验证语言单位的搭配规则和类联接的语法特征，呈现语法层面的共现关系，这对于初学者稍有难度。若要在教学实践中广泛应用复杂检索，就要指导学生研读 CQPweb 使用手册、赋码集以及正则表达式检索教程，教师在此过程中的互动作用十分重要。

至此，本书基本完成了 CQPweb 韩汉平行语料库的环境建设。图 2-3 是韩汉平行语料库 CQPweb 检索平台[①] 的页面。

韩汉平行语料库

start your query　提交查询内容

icorpus制作@2017

图 2-3　韩汉平行语料库 CQPweb 检索平台

2.4　小结

本章主要观点可概括如下。

第一，构建平行语料库是进行语料库翻译研究和教学研究的基础。目前尚无可公开使用的韩汉—汉韩平行语料库，这无疑阻碍了韩汉—汉韩翻译学术研究和应用研究的深入发展。而语料库可以在线检索是语料库理论、技术应用于课堂教学的前提，因此，建立基于网络的第四代语料库检索系统是十分必要的。

---

① 韩汉平行语料库 CQPweb 检索平台的网址：icorpus. net/application/korea。

韩汉平行语料库和 CQPweb 语料库在线检索平台不仅为本书的语义韵翻译对等研究和翻译教学研究提供了必要条件,也可以为其他韩汉—汉韩翻译研究和应用研究提供数据支持。

第二,只有遵循语料库建设规律并运用恰当的方式方法进行操作,才能保证所构建的韩汉平行语料库具有较高的科学性和实用性。构建韩汉平行语料库可分五个步骤进行,分别为语料库设计、语料搜集、文本清洁、语料对齐、语料检索。语料库设计需考虑建库目的和使用去向;语料搜集需注重文本质量;文本清洁要使用正则表达式进行批量处理;语料对齐则需自动对齐辅以人工对齐。

第三章

"역력하다"和"또렷하다"的典型性翻译对等词研究

3.1 确定"清楚"义近义词考察对象

确定本书"清楚"义近义词考察对象的步骤如下。

第一,提取高频词表。形容词是本书研究的词类范畴,通过世宗语料库可确定前 100 个形容词高频词。世宗语料库并没有将所有语料进行词性标注,但是通过语料库中的统计信息,辅以简单的人工甄别,就可以快速获取韩文中的高频形容词近义词词表。详见附录 1。

第二,确定源语近义词。方法有两个,一是 NAVER 国语词典(네이버사전[①])中的近义词"相关语"。例如,"마땅하다"的词典释义为"행동이나 대상 따위가 일정한 조건에 어울리게 알맞다","알맞다"和"어울리다"作为解释"마땅하다"的相关语,可以被视为近义词。二是韩国"词库"(낱말창고[②])中的近义词。例如,在"낱말창고"中输入"마땅하다",出现"마땅하다"的近义词图谱,详见图 3-1。

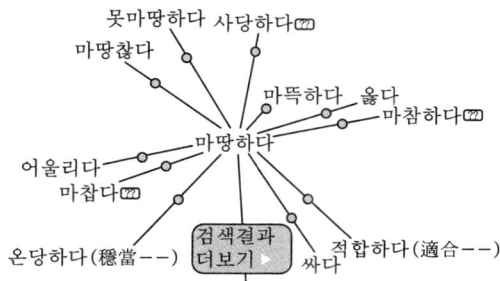

图 3-1 "词库"(낱말창고)的近义词图示(包含部分反义词)

---

① 네이버사전:https://dict. naver. com/。

② 낱말창고:http://www. natmal. com/views/dictionary/syn。

根据近义词图谱和词典释义中的"相关语",得出"마땅하다"一词的近义词为"온당하다、적합하다、어울리다、알맞다、마뜩하다"。

第三,确定有研究价值的源语近义词。这一步需辅以问卷调查,因为并不是附录1中的所有形容词近义词都需要进行辨析和语义韵考察。例如"철저하다/彻底",不管是从语义认知的角度还是从翻译的角度,都不存在疑惑,这样的形容词近义词就可以排除在外。但是像"광막하다、광범위하다、광대무변하다、널찍하다、너르다、관대하다、넓다"等词就需要重点分析。鉴于本书最终的研究目的是服务于翻译教学和翻译实践,所以问卷调查对象选取中国大学本科三年级韩国语系学生。最终确定需要分析的近义词,详见附录1(具有分析价值的近义词组合前加了*)。

第四,确定本书研究的源语近义词。限于篇幅,只选取一组重点考察的近义词组合作为研究对象。本书选取"清楚"义近义词组合作为本书的研究对象。"분명하다"① 是出现的第一个"清楚"义形容词。以"분명하다"为中心,共得到10个"清楚"义近义词,分别是"분명하다、뚜렷하다、또렷하다、명료하다、확실하다、똑똑하다、명확하다、여지없다、적확하다、역력하다"。

第五,缩小源语近义词研究范围。由于每个"清楚"义词都会有几个乃至十几个翻译对应单位,因此无法逐一考察每个"清楚"义词的韩汉翻译对等情况。我们从教学和研究两个方面考虑确定了本书的源语研究对象。

(一)教学方面的考虑

本书的研究目的之一是将语义韵翻译对等理论的研究成果应用于翻译教学,因此学生对"清楚"义词的认知难度应该作为选取源语研究对象的重要依据之一。

为了解学生对"清楚"义近义词的认知难度,缩小"清楚"义近义词的考察对象,笔者针对50名中国普通高校韩国语专业三年级学生进行了对这10个词的认知难易度问卷调查,具体调查结果如图3-2所示。

---

① "분명하다"在21世纪世宗语料库的高频形容词词频表中占据第65位,出现频次为1 762,频率为0.000 406 09。

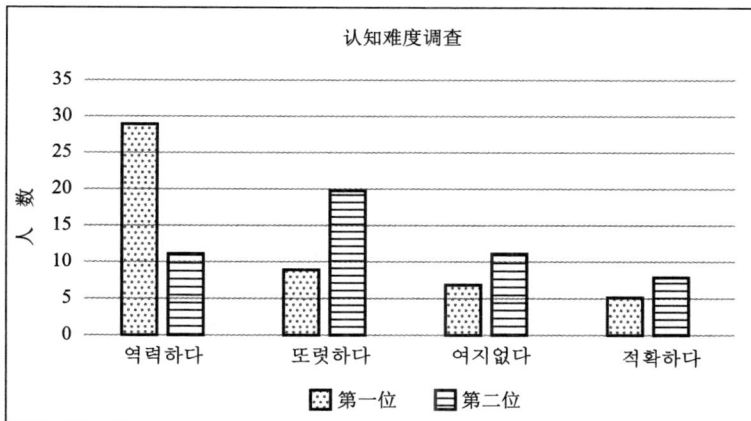

图 3-2 学生对"清楚"义近义词认知难度调查结果

据图 3-2 呈现的数据,位于"认知难度"前两位的词集中在"역력하다、또렷하다、여지없다、적확하다"四个词上,其中认知难度排在首位的词分别为"역력하다(29 人)、또렷하다(9 人)、여지없다(7 人)、적확하다(5 人)",认知难度排在第二位的词分别为"또렷하다(20 人)、역력하다(11 人)、여지없다(11 人)、적확하다(8 人)"。"역력하다"和"또렷하다"分别位于"清楚"义词认知难度排名的第一位和第二位。

结合以上调查和韩国语教材考察可知:"清楚"义的 10 个单词中,"분명하다、뚜렷하다、명료하다、확실하다、똑똑하다、명확하다"相对于另外 4 个词而言,在韩国语教材中出现的频率较高,出现时间较早(初、中级),且"분명하다、뚜렷하다、확실하다、똑똑하다、명확하다"也是口语中经常用到的词,所以学生对这几个词的认知程度相对较高。相反,"역력하다、또렷하다、여지없다、적확하다"在教材中出现频率较低,出现时间较晚(中高级),且"역력하다"和"적확하다"是书面语,口语中使用较少,"또렷하다"相较"뚜렷하다"而言,使用频率较低,所以学生对这 4 个词的认知程度较低。

尽管中低频词在实际应用中的广泛性不及高频词,但从二语习得的角度来看,中低频词是考察学习者语言能力是否达到较高水平的标准之一。同时,中低频词在区分情感、态度的细微变化方面具有重要作用。因此从教学上考虑,有必要针对"认知难度"较高的中低频词"역력하다、또렷하다、여지없다、적확하다"展开专题研究,弄清楚其意义和用法,为一线教师提供可靠的教学参考依据,进

而帮助学生更好地辨析相关同义词,并能正确地加以运用。

(二)研究方面的考虑

之所以最终选定"역력하다"和"또렷하다"这两个词作为源语单位,还有研究方面的考虑。

乔娟(2020)曾对"역력하다"和"또렷하다"翻译对等词展开过相关研究,具备一定的研究基础。在原有基础上展开深入研究,便于获得更多有学术价值的成果,揭示更多的韩汉语言对译规律。

本书通过语义韵理论方法考察分析源语词和翻译对等词语的语义韵对等关系,这就要逐一深入考察每个源语单位及其翻译对等单位的语义韵,最终确定不同性质的语义韵对等关系。多一个源语单位,就相应要增加若干翻译对等单位,工作量势必大增。为充分展开论述,有必要控制考察范围。因此,我们最终将位于认知难度排名前两位的"역력하다"和"또렷하다"[①] 作为源语单位考察对象,相信通过这两个源语单位和十个翻译对等单位的深入考察,完全可以达成本书的研究目的。其他同义词的语义韵翻译对等考察拟在未来的后续研究中进行。

3.2 "역력하다"的翻译对等词分析

3.2.1 "역력하다"翻译初似对等词的确定

3.2.1.1 如何处理对译语料中的误译现象

本书主要通过平行语料库中的对译句来确定节点词的翻译初似对等单位,因此,对译句对的翻译质量至关重要。但是,平行语料库中的译入语质量参差不齐,误译现象难以避免。本书对误译的处理方法主要有以下两种。

第一种方法是弃用。此种方法一般用于节点词的对应单位本身出现误译的情况。例如:

1)原文:그 조교가 '참 재미있는 편지' 같다고 한 이유는 겉봉에 쓴 글

[①] 除此之外,本书查询了"역력하다"和"또렷하다"的词典释义,"역력하다"的释义为"자취나 기미、기억 따위가 환히 알 수 있게 또렷하다",释义中用"또렷하다"解释了"역력하다","역력하다"在近义词词典中的第一个近义词条即为"또렷하다"。二者在语义上的相似性也证明了其研究价值。

씨가 무척 서툴러서 시골 국민학교의 어느 어린이로부터 온 듯할 뿐 아니라, 또 잉크로 점잖게 쓰려고 노력한 흔적이 역력하다는 점에 있었을 것이다.

译文:那个助教之所以说这封信有趣,是因为信封上有农村国民学校的某位小朋友想努力写得文雅却还是七扭八歪的清楚字体。

修改句:那个助教之所以说这封信有趣,是因为信封上的字迹非常潦草,像是出自哪个乡村小学的学生之手,并且明显可以看出他本想努力用钢笔把字写端正。

例1)原文中"역력하다"的修饰对象是"노력한 흔적",而译文中"清楚"的修饰对象是"字体",显然没有理解原文的意义。这属于对应单位本身出现误译,因此应该弃用。

第二种方法是修改误译部分。这种方法适用于误译部分和对应单位无关的情况。例如:

2)原文:경제계도 회피적인 대처보다는 자신들에게 유리하게 상황을 몰아가려는 움직임이 역력하다.

译文:经济界也明显想要努力使情况对自己有利,而不是采取回避态度处理事件。

修改句:比起采取回避态度处理问题,经济界明显①想让事态朝着对自己有利的方向发展。

例2)错译句的前半部分译文结构混乱,比较拗口。本书对于此种情况的处理方式是修改误译部分,但不改动对应单位在句中的位置。修改后的例句仍可作为初似翻译对等单位的输出语料。

---

① 此处的"역력하다"在原文句中作谓语,中文可以对译为"明显"作谓语的句子,即译为"经济界想让事态朝着对自己有利方向发展的态势十分明显",但是该句的主语部分太冗长,不符合汉语表达习惯。又如"울었던 흔적이 역력하게 나타나 있었다""불쾌한 기색이 역력한 목소리로 말했다"也可以对译为"哭过的痕迹很明显""话语中的不快很明显",但从汉语表达习惯来看,将"明显"译为状语更为恰当,即"明显有哭过的痕迹""说话的语气中明显流露出不高兴"。这一转换方式在本书构建的韩中平行语料库中也可以得以验证,相关说明详见本书第68页。因此,当把"역력하다"翻译为"明显"时,笔者选择将其译为状语句。

3.2.1.2 确定"역력하다"翻译初似对等词

双语词典在研究跨语言翻译对等中的作用比较有限。一方面由于词典仅限于提供孤立的对应词条,缺乏具体的语境,研究人员无法从扩展语境中探寻形式和意义之外的功能意义。另一方面,双语词典中列出的释义词条缺乏频率支撑,而高频共现是构成双语对等单位的基本条件。"역력하다"在 NAVER 双语词典中的释义词条如表 3-1 所示:

表 3-1　NAVER 双语词典中"역력하다"的释义

原语	对应词条
역력하다	历历在目、记忆犹新、清楚、清清楚楚、明显、十分明显、尽显、分明

平行语料库是确定初似翻译对等单位的理想数据库,这一观点在前两章中均有论述。我们以"역력하다"为节点词从自建的平行语料库中共检索到 14 个句对(见附录 2)。14 个索引行中共有 9 个汉语翻译对应单位,详见表 3-2。

表 3-2　平行语料库中"역력하다"的对应单位

节点词	对应单位	频次	节点词	对应单位	频次
역력하다	明显	4	역력하다	明显显得	1
	历历在目	2		难掩	1
	显露出	2		不难看出	1
	清晰可见	1		写满	1
	明显流露出	1			

源于平行语料库的 9 个对应单位分别为"明显、历历在目、显露出、清晰可见、明显流露出、明显显得、难掩、不难看出、写满",其中,"明显"出现了 4 次,"历历在目"和"显露出"出现了 2 次,其他各出现了 1 次。

据表 3-1 和 3-2 所呈现的数据,NAVER 双语词典列出的对应词条数量较多,其中"历历在目"和"明显"在平行语料库中有不同频率的对应,但是"记忆犹新、清楚、清清楚楚、十分明显、尽显、分明"等 6 个词条却未在本书自建的 700 万平行语料库中检出,这说明这些词条不能满足初似翻译对等单位"相对高频"的条件,因此不能视为"역력하다"的初似翻译对等词。

本书确定源语词的初似翻译对等词有三个标准。

第一,初似翻译对等词应是个词。词是由语素构成、比语素高一级的语言单位,是最小的能够独立运用的语言单位。对应单位中符合这个标准的有"明显、历历在目①、难掩"三个词。

第二,初似翻译对等词要具备"清楚"义词义,即"清楚、清晰、明显"等意义。"明显、历历在目、难掩"三个对应词中,"明显"一词无须多加解释,显然具备"清楚"义的核心意义。"历历在目"的汉语词典释义为"清楚,分明的样子"②、"一个一个清清楚楚的"③,具备"清楚"义词义。只有"难掩"一词的词典释义是"难以掩饰、掩盖"④,从字面意义上来看,不具备"清楚、清晰、明显"等意义。此外,"难掩"是动词,"역력하다"是形容词,二者在词性上不一致。因此,"难掩"可排除在外。

第三,初似翻译对等词在平行语料库中的检出频率要高于其他对应词。"明显""历历在目"在本书自建平行语料库中的检出频率处于前三位。

根据以上标准,"明显、历历在目"可确定为"역력하다"的初似翻译对等词。下面我们将借助韩汉单语语料库(CCL 语料库、BCC 语料库、世宗语料库)对比分析三者的语义韵。

3.2.2 "역력하다"的语义韵

在 NAVER 双语词典中输入"역력하다",中文释义有"历历在目、记忆犹新、清楚、明显、尽显、分明"。NAVER 国语词典对"역력하다"的解释是"자취나 기미、기억 따위가 환히 알 수 있게 또렷하다(痕迹、征兆、记忆等十分清晰)"。那么"역력하다"在具体的扩展语境中具有怎样的交际意义和态度意义?"明显""历历在目"两个初似翻译对等词是否与之构成翻译对等关系?为解答这两个问题,本小节将从如下两个方面进行考察分析。

第一,通过世宗韩国语语料库获取"역력하다"的索引行,借助 AntConc 语料库分析工具中的 Wordlist 和 Collocates 功能获取高频率和高相关率(MI 值)搭配词语,并对这些搭配词语进行详细解读。

---

① "历历在目"是成语,在句子中可以作为一个词使用,因此本书把"历历在目"看作词。

② 词典释义来自"在线汉语字典",网址:xh. 5156edu. com。

③ 词典释义来自《现代汉语词典》(第 6 版),第 797 页。

④ 词典释义来自"在线汉语字典",网址:xh. 5156edu. com。

第二,随机抽取 100 个索引行进行扩展意义单位模型分析,分析节点词在搭配、类联接、语义选择趋向和语义韵层面的特征。综合第一步的分析结果,使用"林奈双名法"概括节点词的语义韵。

3.2.2.1 "역력하다"的高频共现词考察

在世宗语料库中输入"역력하다"及"역력했、역력한"等曲折变化形式,共得到 450 个索引行。把索引行保存为纯文本格式,并加以"降噪"处理(去除文本杂质)之后,导入 AntConc 中。表 3-3 是笔者从 AntConc 中获取的高频共现词频表。词频表按照共现频率排序,兼顾 MI 值的高低(MI 值高于 3)。去除一些共现频率或 MI 值较高、但没有明显交际意义和态度意义的词语,例如表示语料出处的词(파일、출처)、地名和人名等专有名词(채란、유나、미국、부산)、人称代词(나(는)、내(가))、指示代词(이것、저것)。"역력하다"的高频共现词语见表3-3。

表 3-3 "역력하다" 在世宗语料库中的高频共现词语

Freq	MI 值	Collocate	Freq	MI 值	Collocate
219	−1	역력했다	88	−1	역력하다
57	4.955 37	기색이	13	4.599 49	흔적이
50	5.050 13	표정이	12	4.484 01	빛이
25	4.486 23	빛이	11	5.021 44	표정이
15	4.377 3	모습이	11	4.799 05	기색이
9	5.362 8	당황한	9	4.616 46	모습이
8	5.344 87	지친	5	4.661 55	분위기가
8	4.929 84	당황하는	4	3.977 05	얼굴에
6	5.292 41	애쓰는	4	5.146 97	긴장하는
6	4.929 84	눈치가	3	5.146 97	의도가
3	5.514 8	피곤한	3	5.146 97	우려하는
3	5.514 8	실망한	3	5.146 97	얼굴엔
2	5.514 8	표정에는	3	5.146 97	당황하는
12	−1	역력하였다	2	5.146 97	피하려는
2	8.021 44	혼곤한	2	4.146 97	애쓴
2	7.436 48	얼이	2	5.146 97	시달리는

续表

Freq	MI 值	Collocate	Freq	MI 值	Collocate
2	5.851 52	얼굴에	2	5.146 97	불쾌한
2	6.699 51	빠진	2	5.146 97	경계하는
2	4.773 52	빛이	24	−1	역력하게
2	8.021 44	빛만	3	5.606 41	얼굴에는
2	5.321	모습이	2	7.021 44	흘흘거리는
39	−1	역력한	2	7.021 44	작품들에는
5	5.004 18	흔적이	2	3.773 52	빛이
4	6.834 26	티가	2	7.021 44	비웃듯
3	7.589 15	자취가	2	7.021 44	말아올리며
2	8.004 18	표정	2	4.214 09	기색이
2	8.004 18	찌든	2	7.021 44	건성웃음까지도
2	8.004 18	어릿거리며			
2	8.004 18	검소한			
2	8.004 18	걱정스러운			
1	6.419 22	후회하는			
1	8.004 18	침울한			

观察"역력하다"的高频共现词语,可以发现如下三个特点。

第一,表 3-3 中共现频率最高的是"기색、표정、빛、모습、흔적、티、자취、분위기"等词。通过 File View[①] 察看语境,发现这些词的左侧大多附加表示心情、情绪以及氛围的词语。具体语境如表 3-4 所示。

表 3-4 "역력하다"的扩展语境 1

차마 대답을 못하겠다는 표정이	역력하다.	그 순간 그가 현상금이…
영미는 고심 참담하는 기색이	역력하다.	더 물러나려야 물러날…
뻘개진 X 의 얼굴엔 갈등의 빛이	역력하다.	비장하게 수화기를 버려…
울었던 흔적이	역력하게	나타나 있었다.
수사가 벌어지자 침체 분위기가	역력하다.	돌파구를 찾으려는…

---

① File View 是 AntConc 中的一个功能,可以查看检索词的具体扩展语境。

第二，紧接着向下观察，除去无实际意义的虚词及表示出处、人名、地名的专有名词，有一类词语共现频率极高，例如"당황한、지친、애쓰는、실망한、혼곤한、빠진、찌든、걱정스러운、후회하는、침울한、긴장하는、우려하는、피하려는、시달리는、불쾌한"。通过 File View 察看语境，发现这些词语的共同特点是表达了辛苦、困惑、忧虑、痛苦等消极心理情绪。有些词的共现频率只有 2 或 1，但 MI 值却超过了 5，如"걱정스러운、후회하는、침울한"。这说明这些词与节点词之间存在显著的搭配关系。具体语境如表 3-5 所示。

表 3-5 "역력하다"的扩展语境 2

주인 아저씨도 당황한 기색이	역력하다.	그는 성자씨가 욕조에…
겪어 본 사람처럼 지친 표정이	역력하다.	그는 너무도 겁에 질리…
얼굴엔 이미 실망한 표정이	역력하다.	세트를 따넬 몇 차례…
얼이 빠진 얼굴에 혼곤한 빛만	역력하다.	양순이 누님의 얼굴…
눈물을 흘리면서 후회하는 빛이	역력한	것 아닌가.

值得关注的是，尽管某些词的共现频率不高，但是多个共现频率较低、MI 值较高的词组成了一个词群[1]，共同构建了一个颇具规模的语义场[2]，传达相似的情绪特征或态度意义，并对节点词及整个扩展语境的语义韵产生了强烈的渲染作用。

除此之外，在高频共现词语中并未观察到具有否定、转折、原因等类联接形式特征的词语。

由此，我们可以初步得出如下结论。[3]

---

[1] 刘吉艳（2008：2）对词群进行了界定："广义的词群是指具有某些共同特征的词聚合在一起形成的一组词或短语，分为语义词群和非语义词群。语义词群是指具有共同语义特征的一组词或短语，这些词语在语义上有关联，属于同一语义场。非语义词群是指不以是否具有相同语义特征作为划分词群的标准，而是以是否具有相同的词素或词作为标志。"本书的"词群"是指语义词群。

[2] 语义场是词语意义联系在一起构成的语义系统（杨华，姬东鸿，萧国政，2015：34）。

[3] 高频共现词考察旨在从宏观上把握节点单位的高频搭配倾向，继而总结类联接、语义选择趋向和语义韵上的特征，因此得出的结论可能不够全面，仍需进行微观分析（扩展意义单位分析）。但高频共现词考察不可省略，其意义在于避免因例句选择的随机性（扩展意义单位分析的例句）造成较大的遗漏。一般来看，扩展意义单位分析结果须包含高频共现词考察的结果。

第一,"역력하다"的语义韵为表达消极心理情绪。

第二,"역력하다"的搭配词语及语义选择倾向对语义韵形成产生了决定性影响。

3.2.2.2 "역력하다"的扩展意义单位分析

为进一步明确"역력하다"的语义韵特征,分析搭配词语、语义选择倾向及类联接对语义韵产生的影响力度,本小节随机抽取了 100 个索引行,逐行分析、归纳。

根据世宗语料库索引行提供的扩展语境,可以归纳出"역력하다"的 4 种类联接形式,具体内容如表 3-6 所示。

表 3-6 "역력하다"的类联接形式

类联接	频数
1)名词性词语(包括名词和名词性短语)+ 역력하다	73
2)名词性词语 + 역력하게 + 动词结构	15
3)名词性词语 + 역력한 + 名词性词语	10
4)名词性词语 + 역력하 + 니、지만等连接语尾	2

表 3-6 中共有 4 个类联接形式,其中类联接 1)"名词性词语 + 역력하다"的形式共出现 73 次,占据绝对优势,其他 3 个类联接形式分别出现 15、10、2 次。在 100 个索引行中,笔者发现类联接特征与交际意义、态度意义没有直接关系,即"역력하다"的类联接形式构成与语义韵无关。这一结论与从 AntConc 搭配分析中得出的结论一致。

下一步,本书需要在类联接框架下进一步观察节点词左右两侧的搭配词语特征。根据节点词的类联接形式,本书将重点考察节点词左侧的名词性词语,包括类联接 3)右侧的名词性词语。类联接 2)右侧谓语中的动词多为"나타나다、드러나다、떠오르다"等词,未体现出语境的意义和功能特征,因此不在考察之列。具体语境如表 3-7 所示。

表 3-7 "역력하다"类联接 2)的扩展语境

그녀의 반대가 한풀 꺾인 것이	역력하게	드러났다.
위인의 형용에 겹쳐 천봉삼의 환형이 너무나	역력하게	떠올랐기 때문이었다.

续表

울었던 흔적이	역력하게	나타나 있었다.
작품들에는 슬품과 고초의 정이	역력하게	풍기고 있다.

通过观察扩展语境,可以发现所有索引行中的名词性词语都呈现出极为明显的语义倾向性,例如"경쟁과 갈등의 조짐、상흔、고심 참담하는 기색、체념하는 기색、생활고와 시름、초조해하는 빛"。其中,定中短语中的定语中心语大多表示人的情感或社会氛围,例如"痕迹(흔적)①、表情(표정)、气色(기색)、征兆(기미)②、气氛(분위기)",大多表示"痛苦(슬픔과 고초의)、焦虑(초조해하는)、绝望(체념하는)"等心理情绪。也有部分名词是由谓词名词化而来,本身具有明显的语义倾向,例如"불안감、시름",无须再加定语修饰。

除此之外,索引行中节点词的描述对象主要分为三类,一类是人,一类是社会团体,一类是客观事物。例如:

3) 原文:어머니의 얼굴에 실망하는 빛이 역력하였다.

译文:妈妈的脸上明显流露出失望的神情。

4) 原文:학교가 현 단계에서 학비문제를 놓고 학부모와 대립하는 상황을 피하려는 기색이 역력하다.

译文:现阶段,学校在学费问题上明显想避免与学生家长形成对立。③

5) 原文:고분 사이사이로 집들이 들어섰다가 길이 난 흔적이 역력하다.

译文:古坟之间建有房子,路的痕迹清晰可见。

例3)~5)中的描述对象分别为"어머니(妈妈)、EU(欧盟)、길이 났다는

---

① 例如:몇 달만에 받아 든 너의 편지에는 고민의 흔적이 역력했다.

② 例如:게다가 최근 슬럼프 탈출 기미가 역력하다.

③ 例4)的中文译文省略了对原文"기색"的翻译,这属于翻译策略中的"省译法"。本书"역력하다"的中文译文较多采用了"省译法",原因如下:"名词性词语 + 역력하다"是"역력하다"的重要类联接形式,这里的名词性词语包含具有较长定语的定中短语,例如"미국과 대립하는 상황을 피하려는 기색이""혼 빠진 미라처럼 돼가는 기색이""경쟁과 갈등으로 비화할 조짐이"。但中文定中短语中的定语一般不宜太长,如例4)若翻译为"欧盟在防御问题上想避免与美国形成对立的立场十分明显"就显得定语过于冗长,不符合汉语表达习惯,整个句子的流畅性大打折扣。因此,中文译文中较多省略了对"기색、조짐"等中心语的翻译。

혼적(路的痕迹)",代表"人、社会团体、客观事物"三个类别。

本书以节点词的描述对象为分类标准,考察索引行中的搭配词语,归纳搭配词语纵向聚合形成的语义趋向,详情见表3-8。

表 3-8 "역력하다"的搭配词语和主导语义趋向 [①]

分类	搭配词语	主导语义趋向
人 69%	상혼、싫다는 표정、경계하는 눈치、당황해 하는 표정、고심 참담하는 기색、상황을 피하려는 기색、아쉬운 표정、갈등의 빛、피로한 기색、울었던 흔적、가위눌린 몰골、애쓴 흔적、근심하는 빛、혼곤한 빛、긴장하는 기색、불편한 심기、긴장하는 빛、불안감、불안해하는 표정、고심한 흔적、혼곤한 빛、고생한 빛、시달리는 모습、힘들어하시는 게、경계하는 빛、긴장하는 모습、우려하는 기색、긴장한 기색、곤혹스러워하는 빛、손해、탈출 기미、실망감、당황하는 분위기、체념하는 기색、생활고와 시름、초조해하는 빛、불쾌한 분위기	消极心理情绪在外部的特征 61%
	노력하는 기미、만족하는 빛、대장부의 기개、안도하는 기색、토크를 즐기는 기색、다른 눈으로 보려는 모습、고무된 표정	积极心理情绪在外部的特征 8%
社会团体 21%	충격을 떨쳐내지 못하는 모습、밀려나는 분위기、우려하는 기류(기색)、당황하는 기색、경계하는 빛、한국 시장을 신경쓴 흔적、흔들리는 모습、미라처럼 돼가는 기색	社会团体表现出的消极外部氛围 18%
	흥분하는 분위기、부활의 조짐、응원하는 분위기	社会团体表现出的积极外部氛围 3%
物 10%	천봉삼의 환형、목동집、투명한 푸른 잎、문학의 실천적 부분、미학적 요소、특수효과를 쓴 티、길이 났다는 흔적、슬픔과 고초의 정、선사의 자취	事物的客观特征或外部样貌 10%

从表3-8可知,在第一类描述对象为"人"的索引行中,绝大部分搭配词语表达了人的消极心理情绪(61%)。例如:

6)原文:눈이 퉁퉁 부어 있었다. <u>울었던 흔적</u>이 역력하게 나타나 있었다.

---

① 此处的"主导语义趋向"(Predominant Preference)指各类搭配词语中频数最高的一组语义范畴。

译文：眼睛肿了，明显有哭过的痕迹。

7）原文：그는 차가운 눈으로 연홍을 바라보며 <u>불쾌한 기색이</u> 역력한 목소리로 말했다.

译文：他用冷峻的眼神看着娟红，说话的语气中明显流露出不高兴。

8）原文：요즈음 우리 앞집으로 새로 이사 온 B 부인만 해도 <u>살림에 찌든 티가</u> 역력한 중년의 검소한 부인이었는데…

译文：最近新搬进我家前边的 B 夫人就是一位明显饱经生活磋磨的、俭朴的中年妇女……

例6）～8）中的"울었던（哭过的）、불쾌한（不愉快的）、살림에 찌든（被生活折磨的）"表达了被描述对象伤心、生气、痛苦等一系列消极情绪。

与此相反，也有部分索引行中的搭配词语表达了满意、欣喜、欣赏等积极心理情绪（8%）。例如：

9）原文：세상 물정 모르는 아이 같은 흰 얼굴, 그러나 상주를 바라보는 그녀의 얼굴에는 <u>사랑이라는 마술이</u> 역력하게 드러나 있었다. 나는 노랑 병아리를 한마리 보고 있는 듯한 기분이었다.

译文：这完全是一张孩子般不懂人情世故的脸庞，但是在望着丧主的她的脸上写满了爱的魔术。我的心情就像是看到一只嫩黄色的小鸡一样。

10）原文：삭발한 스님들의 이마 사이로 또 다시 햇살이 내려비치고, 그들의 어깨 위로는 <u>대장부의 기개가</u> 역력했지요.

译文：阳光再次照到僧人剃光的额头上，他们的肩膀上写满了大丈夫的气概。

例9）中，"……她的脸上写满了爱的魔术"表达了话者对被描述对象的喜爱之情，这从下文的描述中也可以看出来。下文写道："我的心情就像是看到一只嫩黄色的小鸡一样。"例10）中，"……他们的肩膀上写满了大丈夫的气概"表达了话者对僧侣的欣赏之情。

在第二类描述对象为"社会团体"的索引行中，搭配词语主要表达了话者对某种社会现象和社会风气的不满，体现了消极态度意义。例如：

11）原文：목적을 위해 수단과 방법을 가리지 않는 몰염치, 남을 아랑곳하지 않고 자기만 좋으면 그만인 오만함, 시도 때도 없이 먹고 마시고 노는 것에만 열중하는 천박함 속에서 이 사회는 갈수록 <u>혼 빠진 미라처럼</u> 돼가는

기색이 역력하다.

译文:为达到目的不择手段、毫无廉耻、不顾他人、只顾自己、傲慢无礼,时刻只热衷于吃喝玩乐、浅薄不堪,在这种风气里,这个社会明显正在成为一具没有灵魂的木乃伊。

12)原文:특히 '글로벌 사회정책'에서 UN 기관들과 세계은행, IMF, WTO 등이 상호조정과 공조보다는 오히려 경쟁과 갈등으로 비화할 조짐이 역력하다고도 볼 수 있는 상황이다.

译文:特别是在"全球社会政策"中,不难看出,相比协调互助,欧盟各机构、世界银行、IMF、WTO 之间的竞争和矛盾更为明显。

例 11)中,"这个社会明显正在成为一具没有灵魂的木乃伊"表达了话者对自私自利、浅薄浮夸的社会风气的不满。例 12)中,"不难看出,相比协调互助,欧盟各机构、世界银行、IMF、WTO 之间的竞争和矛盾更为明显",表达了国际社会无法通过简单的任务性分配达到解决问题的目的,反而会促使欧盟等各国际组织之间产生竞争和矛盾。

第三类的描述对象是客观事物(10%),例如"나뭇가지、전쟁의 상흔、작품、산천재"。这类索引行中的搭配词语主要是对事物特征或外部样貌的客观性描述,体现了中性语义韵。例如:

13)原文:전쟁이 이 지방에 남긴 상흔은 아직도 역력하다.

译文:战争给这个地方留下的伤痕仍然历历在目。

14)原文:그러나 신유박해 이후 유배 기간 동안 쓴 작품들에는 슬픔과 고초가 역력하게 드러나 있었다.

译文:但自辛酉迫害之后,他在流放期间写的作品中明显流露出了悲伤和痛苦之情。

15)原文:산천재(남명 조식의 만년 강학처)에는 아직도 선사의 자취가 역력하고…

译文:在山天斋(南明曹植的晚年讲学处),禅师的足迹仍然历历在目。

16)原文:고분 사이사이로 집들이 들어섰다가 길이 난 흔적이 역력했다.

译文:古坟之间建有房子,路的痕迹清晰可见。

例 13)中,"战争给非武装地带留下的伤痕仍然历历在目",客观描写了"没

有变化、一如既往"的样子。例 14)中,"(他)在流放期间写的作品中明显流露出了悲伤和痛苦之情",尽管"슬픔"和"고초"带有消极语义色彩,但是这两个词在句中是对作品的客观描述,也就是说被描述对象是"作品",不是"人",因此可视为客观性的描述。例 15)中,"在山天斋(南明曹植的晚年讲学处),禅师的足迹仍然历历在目",此处的"足迹"是指曹植讲学时留下的痕迹(讲坛、书斋等)。例 16)中,"古坟之间建有房子,路的痕迹清晰可见",此处"路的痕迹"也属客观事物。

根据上述分析,可以得出以下结论。

第一,"역력하다"一词共有三个语义韵,详见表 3-9。

表 3-9 "역력하다"的语义韵

语义韵特征	比例
【消极:人的消极心理情绪或社会的消极氛围明显】	79%
【积极:人的积极心理情绪或社会的积极氛围明显】	11%
【中性:事物的客观特征或样貌明显】	10%

第一个语义韵是【消极:人的消极心理情绪或社会的消极氛围明显】,这一语义韵特征在考察的索引行中占比 79%。第二、第三个语义韵分别为【积极:人的积极心理情绪或社会的积极氛围明显】和【中性:事物的客观特征或样貌明显】,占比分别为 11%、10%。

第二,在具体的扩展语境中,"역력하다"主要吸引具有"消极心理情绪和社会氛围"的动词、形容词,这些动词、形容词通过名词化或与表示"人的情感流露"和"社会氛围"的名词(기색、기류等)组成短语,反过来影响节点词在整个语境中的态度意义,并与节点词一起形成较为固定的语义韵特征。

第三,"역력하다"的搭配词语以及由搭配词语聚合形成的语义选择趋向决定了节点词的语义韵。

3.2.3 "明显"的语义韵

3.2.3.1 "明显"的高频共现词考察

观察"明显"在韩汉对译句对中的对应特点可以发现,"明显"在句中多作状语,而不是作谓语。例如:

17）原文：경제계도 회피적인 대처보다는 자신들에게 유리하게 상황을 몰아가려는 움직임이 역력하다.

译文：经济界也**明显**想要努力使情况对自己有利，而不是采取回避态度处理事件。①

18）原文：이순신 장군 동상과 분수, 해치마당, 역사물길, 그리고 10월 한글날에 제막될 세종대왕 상 등으로 꾸민 전체적인 모양새도 상당히 품을 들인 기색이 역력하다.

译文：李舜臣将军的铜像和喷水池、獬豸庭、历史水渠以及将在 10 月韩文日上揭开帷幕的世宗大王像，**明显**耗费了相当多的人力物力。

19）原文：하지만 이제 철수의 얼굴에선 영숙의 눈치를 살피는 표정이 역력하다. 우선 아이들부터 그렇다.

译文：但是，现在哲洙**明显**要看英淑的脸色，首先孩子们就是如此。

在 CCL 语料库中以"明显"为节点词进行搜索，共得到 53 304 个索引行。"明显"既有在句中作状语的，也有作谓语的。要筛选出"明显"作为状语的索引行，就需要观察"明显"在句中作状语的句法结构。经过观察发现，"明显"作状语时，后面通常连接形容词、动词或副词，检索语料时需要编辑包含词性代码的检索式。但是，CCL 语料库中的语料未经过词性符码处理，无法按照词性精确查询。在经过符码处理的 BCC 语料库输入"明显 a、明显 d、明显 v"②，共得到 920 个索引行。在筛选高频词语时，需要注意以下两点。

首先，去除表示语料出处的高频共现词语，例如"文件名、作者、报刊、标题"。这些词语尽管共现频率极高，但 MI 值通常低于 3，可以直接排除在外。

其次，去除虚词和部分实词，例如"的、是、在、和、了、对、这、为、一、有、与、上"。这些词与关键词的共现频率、MI 值均呈现较高的数值，但由于这些词不具备交际意义和态度意义，也没有体现出明显的类联接形式结构特征，对节点词的语义韵分析没有帮助。表 3-10 为"明显"的高频共现词频表。

---

① 修改后译文：比起超越党派处理问题，政治界明显想让事态朝对自己有利的方向发展。"明显"在两个译文中的位置没有变化。

② "a""d""v"在 BCC 语料库中分别指代形容词、副词、动词。

表 3-10 "明显"在 BCC 语料库中的高频共现词语

Freq	Freq（L）	Freq（R）	MI 值	Collocate
947	4	4	−1.672 44	明显
30	4	26	4.617 58	感到
25	2	23	4.758 94	看出
23	1	22	4.404 18	不同
19	1	18	5.128 54	带有
19	5	14	4.543 58	表现
19	17	2	4.406 08	声音
15	5	10	4.717 12	露出
14	5	9	4.550 47	带
12	3	9	4.617 58	受到
11	9	2	4.138 41	身体
11	6	5	4.202 54	脸
11	4	7	4.492 05	样子
11	0	11	5.202 54	减少
10	3	7	4.524 47	表情
9	0	9	5.050 54	好转
10	7	3	3.717 12	眼睛
9	0	9	4.787 51	看得出
9	3	6	5.202 54	流露
9	0	9	4.913 04	感觉到
8	8	0	5.032 62	语气

从上述高频共现词频表中，我们可以看出，"明显"一词的搭配词语主要分属两个语义集合。

一个集合表示"人的五官、身体与神情"，例如"声音、身体、脸、样子、表情、眼睛、语气"，这些词与"역력하다"高频搭配词中的"표정（表情）、기색（气色）、얼굴（脸）、모습（样子）、눈치（眼光）、얼（精神）"等具有极高的相似度。通过 AntConc 中的 File View 功能，可以察看这一语义集合的具体语境，如表 3-11 所示。

表 3-11 "明显"的扩展语境 1

妥酸事件以后,我的**身体**	明显	消瘦了,手脚变得软弱兀立……
他们用神秘兮兮的眼神看着她	明显	憔悴的脸。这时,她的呼吸……
妮丽玛听到影迷这么说,面部**表情**	明显	柔和下来。
她没精打采地重复道,用她那	明显	疲倦的**眼睛**望着他……
他写了许多信给知名媒体,信中**语气**	明显	很不稳定。就在今天早上……

　　另一个集合是表示"人的心理活动"的动词性词语,例如"感到、看出、带有、表现、露出、受到、看得出、流露、感觉到",这与"역력하다"的高频词语不同。但是,"역력하다"的主导语义韵是"消极心理情绪明显",属于"人的心理活动"的范畴。因此,进一步考察上述各词语的扩展语境,发现动词性词语经常与表示"心理及情绪"的词语搭配。例如"明显带有讥讽的味道、明显带有轻蔑的意思、明显看出听众兴高采烈、明显露出不安的神色、明显露出困惑的表情、明显看得出他一脸疲惫、明显流露他那无可奈何的心情、明显流露出赞赏的神气"。具体语境见表 3-12。

表 3-12 "明显"的扩展语境 2

答话的语气中	明显	带有讥讽的味道。
尽管所有的旁观者都	明显	看出**她们**的心态异乎寻常。
跑步姿势也很漂亮,他的脸上	明显	露出**不安的神色**。我甚至觉得……
他一直在仔细地听着 辩论,但	明显	表露出不耐烦。现在他费力地站……
范妮并不是那样来势汹汹。她	明显	感到不自在,但还没有她的同伴……

　　从上述扩展语境中可以看出,"明显"与"역력하다"在表达"心理和情绪"这一点上具有共同点。在逐一考察的过程中,可发现这些表示心理活动的词语后面经常与表示"消极心理情绪"的词语形成局部语境。但是也不乏表示"积极心理及情绪"的搭配词语,例如"明显看出听众兴高采烈、明显流露出骄傲与喜悦"。

　　为了更加准确地分析"明显"的类联接、搭配、语义选择趋向及语义韵,判断与"역력하다"的翻译对等关系,我们仍随机抽取 100 个索引行进行扩展意义单位模型分析。

3.2.3.2 "明显"的扩展意义单位分析

"明显"的类联接形式构成比较简单,大致可分为两大类:一是主谓结构,如"情绪明显低落";另一类是定中结构,如"明显危险的斜坡"。节点词的类联接形式并未对语义韵产生直接的影响。因此,本书主要考察搭配词语和语义选择趋向对语义韵的影响。

观察索引行,可以发现语境中的被描述对象主要由两类词语表示。一类是与人等"生命体"有关的名词性词语,如"情绪、她、法国人、双腿、表情、脸色、声音、态度、神情、口气、身体、动作、脸颊",共现频率高达71%。例如:

20)人们都知道,他怕潮湿,因此,他显得十分紧张,情绪明显低落。

21)当皮迪的照片上没有她时,她也露出明显气恼的神情。

另一类是与"生命体"无关的名词性词语,例如"作品、绿色、节奏、罪证、看法、条件、哲学、真理、金属声、质量、军队、斜坡、墙",在索引行中的共现频率为29%。例如:

22)响声的质与量也明显不同。

23)天光明显淡了下来。

我们从920个索引行中随机抽取100个,分别从"生命体"和"非生命体"两个方面观察了"明显"的搭配词语。搭配词语主要包括表示描述对象的名词性词语和位于节点词右侧的形容词性词语和动词性词语,然后归纳出搭配词语的语义选择趋向,分析结果如表3-13所示。

表3-13 "明显"的搭配词语和主导语义趋向

类别			搭配词语	主导语义趋向
生命体或相关事物 71%	心理情绪 27%	描述对象	态度、人、神情、口气、热乎劲、表情、情绪、眼睛、声音、面部表情	心理情绪或心理情绪的外在表现
		形容词及动词性词语	不同、憔悴、气恼、不悦、不快、小心、冷了下来、软下来、忧伤、低落、疲倦、不耐烦	消极心理情绪 21%
			高兴、高涨、轻松、快慰、高昂、兴奋、柔和	积极心理情绪 6%
	其他 44%	描述对象	意图和倾向、人与动物、黑眼圈、脸型、身体、动作、缺点、感官反应、脸、腰身、脸色、印象、脸颊	人的身体及相关事物
		形容词及动词性词语	实际、不同、怕人、突出、瘦、消瘦、迟缓、严重、异常、憔悴、宽满、不同、红	身体及相关事物的状况和变化

续表

类别			搭配词语	主导语义趋向
非生命体 29%	其他一般事物①	描述对象	文章、力量、斜坡、墙、气氛、哲学、认知、条件、节奏、绿色、作品、天光、罪证、看法、质量、真理、金属声	一般事物
		形容词及动词性词语	沉闷、扎实、不同、可信、淡了下来、逊色、素净、大、慢下来、强、不同、相似、柔和、高贵、高出一截、危险、悬殊、笨拙	一般事物的状态或变化

观察表 3-13,可以发现"明显"的搭配词语以及主导语义趋向有以下特征。

第一大类的被描述对象是"人"等生命体(71%)。同时,从修饰被描述对象的形容词性词语和动词性词语上来看,第一大类又可分为两个小类。

第一小类是"气恼、不悦、不快、小心、忧伤、低落、不耐烦、高兴、高涨"等表示人的心理情绪的词语(27%),包括表示消极心理情绪(21%)的词语和积极心理情绪的词语(6%)。例如:

24) 鲍老师的声音冷冰冰的,为自己的报告被打断而露出明显不悦的口气。

25) 洛德近来对西莉亚越来越友好的热乎劲明显冷了下来。

例 24)、25)中的"不悦""冷了下来"是对"口气""热乎劲"的描述,分别表达了"不愉快""冷淡"的消极心理情绪。又如:

26) 坤得对待依芙琳明显温柔了。

27) 在半岛那个城郊的基地上,朱亚的情绪明显高涨起来。

例 26)、27)中的"温柔""高涨起来"是对"坤得的态度"和"朱亚的情绪"变化的描述,分别表达了"友好、兴奋"的积极心理情绪。这与"역력하다"表示心理情绪的共现搭配词语几乎一致,但是在共现频率上二者显示出较大的差异。"역력하다"与此类词语的共现频率高达 69%(消极:61%,积极:8%),但"明显"的共现频率仅为 27%。相同的是,二者表示消极心理情绪的搭配词语均明显多于表示积极心理情绪的搭配词语。

第二小类表示五官、身体及相关事物的状况和变化,例如"突出、瘦、消瘦、迟缓、异常、宽满、不同、红"等词语。本书把这部分词语单独列为一类,是因为这

---

① 此处的一般事物包含具体事物和抽象事物。

些词语的共现频率高达44％，比重最大。此类索引行的态度意义较为明显，分为"五官、身体及相关事物状况良好、好转"（15％）和"身体五官及相关事物状况不佳、恶化"（29％）两类。例如：

28）但自从巴比妥酸事件以后，我的身体明显消瘦了，手脚也变得软弱无力，画漫画稿时也常常偷懒怠工。

29）宁珂觉得曲予真的老了，白发明显增多，神色也极为疲倦。

30）她的脸色跟刚刚下马时相比明显红润起来。

例28）、29)中"明显消瘦""明显增多"表明了身体"变弱、变老"的状况，带有消极语义倾向。例30)中"明显红润起来"表明身体状况"好转"，带有积极语义倾向。这类搭配词语与"역력하다"共现词语的语义选择倾向明显不同。

第二大类的描述对象是非生命体（29％），这一大类不论是描述对象还是修饰描述对象的词语，都显示出复杂、多样的特征。中心语大多是表示抽象事物①的名词性词语，例如"金属声、作品、绿色、看法、罪证、生活节奏、哲学、气氛"。语境中显现出的态度意义既有积极、消极的，也有中性的。例如：

31）他不在发明真理，而在整理真理，使真理成为一个明显扎实的系统。

32）《我的遥远的清平湾》虽也是出色作品，但较之《我与地坛》，则明显逊色。

33）好似真有黄铜盾牌重重落在白银地板上，清晰、空洞、明显沉闷的金属哐啷声，顿时便回响在耳际。

例31）、32)、33)中的"扎实""逊色""沉闷"是对"真理""作品""金属哐啷声"的描述，分别表达了积极、消极和中性客观的态度意义。

"社会氛围"是"역력하다"高频共现词语中的一个分类（21％），在"明显"的100个索引行中并未发现此类索引行，扩大至200个索引行也只发现2例与社会氛围相关。例如：

34）市民普遍认为，今年市面气氛明显好于往年。

35）**联盟虽然使两国关系明显改善，但双方的根本利益冲突依然没有

---

① 王珏（2001）指出，抽象名词的所指不是人或事物等可视、可触的东西，而是看不见、摸不着的概念，是人们对客观世界认识的过程或结果在人们头脑的反映。本书对于抽象事物和具体事物的界定标准为是否可视、可触，可视、可触的事物为具体事物，反之为抽象事物。

消除。

例 34)、35)中的"市面气氛""两国关系"分别代表的是"经济社会"的氛围和"国际社会"的氛围。继续扩大观察语料的范围,也仅发现几例,例如"两国关系气氛明显改善""整体经济气氛明显转好""餐桌周围的气氛明显改变了"。

最后,从语义韵上看,"明显"的消极语义韵占比 57%,积极语义韵及中性语义韵分别占比 31%、12%。详见表 3-14。

表 3-14 "明显"的语义韵①

语义韵特征	比例
【消极:消极心理情绪明显】21%	
【消极:身体五官及相关状况明显不好、恶化】29%	57%
【消极:事物状况明显不好】7%	
【积极:积极心理情绪明显】6%	
【积极:身体五官及相关状况明显良好、好转】15%	31%
【积极:事物状况明显好】10%	
【中性:客观描述事物的显著性状况】12%	12%

综上所述,"明显"和"역력하다"在搭配词语、语义选择趋向以及语义韵上存在很大程度的一致,但是不同点也很明显。相对来说,"明显"的语义韵过于分散,不好把握。总体来看,"明显"的语义趋向范围和语义韵基本涵盖了"역력하다"的语义趋向范围和语义韵,可将二者视为涵盖式翻译对等词。

3.2.4 "历历在目"的语义韵

3.2.4.1 "历历在目"的高频共现词考察

在 CCL 语料库中输入"历历在目",共得到 597 个索引行。文本保存、处理及词频排序原则同上,在此不再赘述。"历历在目"的高频共现词语列表 3-15 如下。

---

① 为便于统计,此表总结的语义韵特征仅限于随机抽取的 100 个索引行,"社会氛围明显"不在此表统计范围。

表 3-15 "历历在目"在 CCL 语料库中的高频共现词语

Freq	Freq（L）	Freq（R）	MI 值	Collocate
597	1	1	−2.944 33	历历在目
109	109	0	5.040 6	情景
98	96	2	5.186 68	至今
70	64	6	4.958 75	还
70	67	3	5.116 29	往事
68	68	0	5.170 05	仍
31	31	0	5.182 21	依然
31	30	1	5.272 41	仍然
27	21	6	4.669 75	当时
19	15	4	4.876 48	一切
14	13	1	4.379 33	回忆
14	6	8	4.687 45	仿佛
13	5	8	4.972 85	记忆犹新
12	8	4	4.609 45	如今
12	7	5	4.156 93	现在
11	2	9	4.924 49	令人
10	10	0	5.272 41	犹
10	6	4	5.009 38	昨天
10	9	1	5.009 38	情形
9	8	1	4.634 98	音容笑貌
9	1	8	5.120 41	难以忘怀
9	3	6	4.741 9	那时
9	8	1	4.857 37	场面
9	9	0	5.120 41	场景

观察"历历在目"在 CCL 语料库中的高频共现词语,发现其大致归属于四个语义集合。第一个集合是表示"情景、景象"或"过往情景、景象"的名词或名词性短语,如"情景、往事、情形、场面、场景、音容笑貌",通过 File View 观察到的具体语境如表 3-16。

表 3-16 "历历在目"的扩展语境 1

怎奈那桩桩**往事**	历历在目	件件刺心。
梦中的**情景**仍	历历在目	。他立即伏案疾书,把梦……
那种无限喜悦的**场面**,至今	历历在目	。周青认为……
浴血奋战的感人**场景**,仍然	历历在目	,发人深省,催人奋进。
往日**情形**,	历历在目	致庸再也忍受不住……

第二个集合是"至今、当时、如今、现在、昨天、那时"等表示时间的时间副词和时间名词,"至今、如今、现在"修饰"历历在目"时作时间状语,"当时、昨天、那时"在句中作定语或状语,表示对过去"情景"的追忆。具体语境见表 3-17。

表 3-17 "历历在目"的扩展语境 2

但**当时**激动人心的场面仍是	历历在目	,叫人无法忘怀。
那感人的情景**如今**想来仍	历历在目	,不能忘怀。
现在回忆起这段历史,仍	历历在目	,记忆犹新。
欣慰的情景就像**昨天**的事情一样	历历在目	。
那时的情景**依然**	历历在目	。我和布托夫人谈到了……

第三个语义集合包含"还、仍、依然、仍然、犹"等表示"没有变化"的副词。第四个语义集合是"记忆犹新、难以忘怀、无法忘怀、不能忘怀"等表示"追忆过往"的词语。具体语境见表 3-17。

值得关注的是,查看高频共现短语"令人"的具体语境,发现后面连接的搭配词语为"难忘、难以忘怀、无限神往、感慨、兴奋、心颤"等词语,与"令人"形成兼语结构,表示对过往事物、心境的追忆。当然,作为语义韵研究的一环,节点词的具体语境仍需观察,下面分析"历历在目"的类联接、搭配、语义选择趋向以及语义韵特征。

3.2.4.2 "历历在目"的扩展意义单位分析

本书从 597 个索引行中随机抽取 100 个,观察"历历在目"的扩展意义单位模型,首先观察类联接。

"历历在目"的类联接形式较为简单,基本形式为主谓结构。主语为名词性词语,包括名词和名词性短语,例如"激动人心的场面"为名词性短语作主语。

谓语为"历历在目"时,后面常接四字成语、四字词语或兼语结构,与"历历在目"构成并列复句,如"记忆犹新、感怀至深、叫人难以忘怀、令人无限神往"。例如:

36）他们徜徉于书林,埋首阅读的情景历历在目,令人难忘。

37）回想 57 年前我们和冼星海相处的日子里,往事历历在目,感怀至深。

例 36）中的"令人难忘"、例 37）中的"感怀至深"分别作为兼语结构、四字成语在句中与"历历在目"所在的分句组成了并列复句。

继续观察索引行,笔者发现"历历在目"的描述对象主要包括两个语义集合。一个是表示抽象事物的名词性词语,例如"情景、往事、影片场景、情形、表演、回忆、场面、时刻、奋斗历程、史迹、成果经验、斗争风云、细节、经历、形象、抢购风潮、音容笑貌、事迹"。一个是表示具体事物的名词或名词性短语,例如"牌子、小桥、花窗、古栈道、大小胡同、马路、岗楼、栅栏、弹坑、疤痕、山脉、河流断裂带、小船、游鱼、松林、竹林、河滩、草地"。这两个语义集合是产生两个语义韵的分界点。笔者以这两个语义集合为分类标准,继续观察语境中的搭配词语,归纳语义集合的语义选择趋向特征。具体内容见表 3-18。

表 3-18 "历历在目"的搭配词语和主导语义趋向

		搭配词语	主导语义趋向
抽象事物名词或名词性短语 80%	描述对象	情景、场景、顽劣、往事、影片场景、情形、表演、回忆、场面、儿时之事、影响、过程、往日的交往、时刻、奋斗历程、史迹、成果经验、斗争风云、贡献、艰难险境、细节、经历、形象、(作风、音容)、抢购风潮、印象、音容笑貌、事迹	过去发生的事情、情景
	定语或并列复句中的谓语	激动人心、惊心动魄、杰出、曲折起伏、积贫积弱、悲剧、欣慰、慈祥和蔼、深刻、感人、刺心、难以忘却、难以忘怀、未能忘怀、无法忘怀、令人感慨、犹如昨天、挥之不去、敬佩	印象深刻,难以忘记
	状语	至今、迄今、犹、仍然、依然、始终、仍、依旧、依然	没有变化
具体事物名词或名词性短语 20%	描述对象	身体部位、伤疤、牌子、小桥、花窗、古栈道、(宝塔山、凤凰山、清凉山)、广告、(大小胡同、马路)、(岗楼、铁丝网)、大线印戳、(栅栏、灯柱)、药粉、弹坑、疤痕、战略要地、(山脉、河流断裂带、小船)、游鱼、(松林、竹林、河滩、草地)	具体事物

观察扩展语境,可以发现"历历在目"的搭配词语以及语义选择趋向具有以下特征。

　　第一类被描述对象为表示抽象事物的名词性词语（80%），其周围吸引了三个语义集合。

　　第一个集合是"至今、迄今、犹、仍然、依然、始终、仍、依旧、依然"等时间副词，表示"无变化、和以前一样"，组成这一集合的时间副词在句中作状语，暗示了节点词的语义氛围为过去的记忆无变化。尽管有些索引行中不包含这些时间副词，但是仍然通过其他词语和结构表达了这一意义。例如：

　　38）一场战争让双目失明的史光柱成为家喻户晓的战斗英雄，风雨二十年，往事历历在目。辉煌过后淡定从容，笑看平凡人生。

　　例38）中"风雨二十年"表示"在战争中失明"这一悲壮往事发生在二十年前，直到如今当时的情形仍然跃然眼前，无法忘却。

　　第二个集合是"难以忘却、难以忘怀、未能忘怀、无法忘怀、令人感慨、犹如昨天、挥之不去、记忆犹新、令人难忘、感怀至深"等四字词语、成语或兼语结构，这一语义集合的词语明确表明了扩展语境中的情感意义，即"难以忘怀"，并与第一个语义集合一起表达了"过往的情景、事物令人难以忘怀"的情感意义。例如：

　　39）他们徜徉于书林，埋首阅读的情景历历在目，令人难忘。

　　40）回想57年前我们和冼星海相处的日子里，往事历历在目，感怀至深。

　　例39）通过"令人难忘"表达了对埋头苦读的学生时代的怀念之情。例40）通过"感怀至深"表达了对"与冼星海相处岁月"的难忘之情。

　　第三个集合是"激动人心、惊心动魄、杰出、曲折起伏、积贫积弱、悲剧、欣慰、慈祥和蔼"等修饰语，一般在句中作定语，通常表达了被描述对象令人难以忘记的原因。例如：

　　41）开国大典后，天安门广场的国旗就由我们部队守卫。45年过去了，但当时激动人心的场面仍是历历在目，叫人无法忘怀。

　　42）曾世英先生带着他70多年对地图学、地名学的执着追求走了，他一生孜孜不倦、严谨务实的治学精神，勤勤恳恳、一丝不苟的工作态度和勤俭简朴、平易近人的作风，慈祥、和蔼的音容仍历历在目。

　　例41）表达了对开国大典升旗仪式难以忘记的态度意义，并表明难以忘记的原因是"当时激动人心的场面"。例42）则表达了追忆"曾世英先生"的态度意义，语境中表明了追忆的原因，原因包括先生"孜孜不倦、严谨务实的治学精神，勤勤恳恳、一丝不苟的工作态度和勤俭简朴、平易近人的作风，慈祥、和蔼的音容"。

本书把三个语义集合放在一起阐述，是因为三者合在一起表达了横向组合轴的重要态度意义，即"感慨过往，难以忘记"。

第二类被描述对象为表示具体事物的名词或名词性短语（20%）。在这类索引行中，形式构成比较简单，基本没有表达情感的修饰成分，客观表达了事物"清晰、分明"的样子，属于中性语义韵。例如：

43）乘车沿江而行，松林、竹林、枫林、河滩、草地历历在目；古村新镇、牧童水牛、浣衣少女，一派古朴纯真的田园风光。

44）15日上午，记者赶到事发地、距小金门4000多米、距大担岛3000多米的黄厝村塔头自然村，记者看到被炮击后的弹坑历历在目，有的弹坑里还发现一些碎弹片。

例43）中，"松林、竹林、枫林、河滩、草地"清晰可见，例44）中，"被炮击后的弹坑"映入眼帘，十分清晰。这两个例句属于客观描述，没有附加特殊的情感或态度意义。

据以上分析，"历历在目"的语义韵可归纳如下。

表3-19 "历历在目"的语义韵

语义韵	比例
【积极：感慨，难以忘记】	80%
【中性：客观描述事物清晰的样子】	20%

"历历在目"主要包含两个语义韵。一个表达"感慨，难以忘记"的积极态度意义，另一个表达了中性态度意义，即"客观描述事物清楚、分明的样子"。两个语义韵的占比分别为80%、20%。

节点词的描述对象是区别两个语义韵的关键因素，如果描述对象为"情景、往事、儿时之事、场面、时刻"等表示抽象事物的名词或名词性短语，整个扩展语境中则弥漫着"难以忘记"的态度意义。如果被描述对象为"古栈道、大小胡同、马路、岗楼"等表示具体事物的名词或名词性短语，整个语境中表达了"清楚、清晰"的中性态度意义。

综上所述，"历历在目"与"역력하다"不管在搭配词语的语义选择倾向上，还是在语义韵特征上，均呈现出不同的特点，二者仅在"客观描述事物清晰的样

子"这一语义韵上存在对等关系,故可视为"部分一致翻译对等单位"。

3.2.5 "역력하다—明显—历历在目"的翻译对等关系

以上我们分别对"역력하다"和"明显、历历在目"两组初似翻译对等词的语义韵进行了描写分析。各自语义韵可用饼图的形式呈现如下。

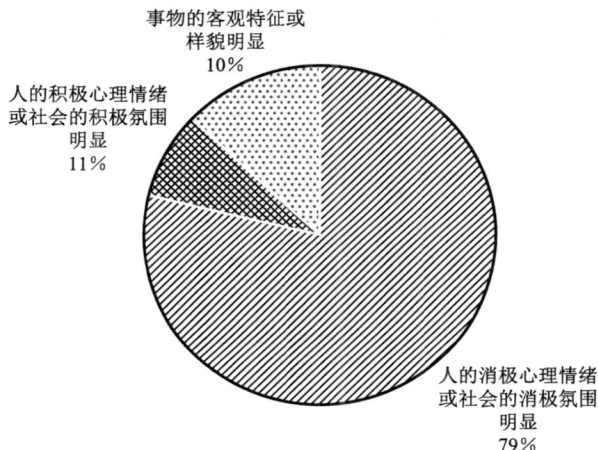

图 3-3 "역력하다"的语义韵分布

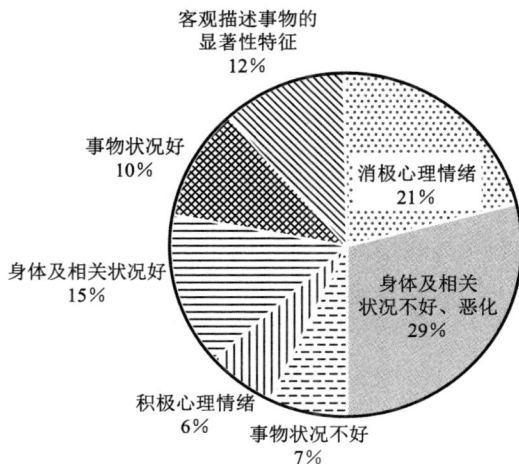

图 3-4 "明显"的语义韵分布

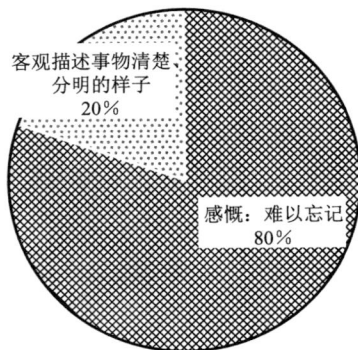

图 3-5 "历历在目"的语义韵分布

"역력하다—明显"在语义韵上显示出涵盖式一致的特点。具体来说,"明显"的语义韵涵盖了"역력하다"的语义韵。"明显"语义韵中的"消极心理情绪或氛围"(占比 21％)与"역력하다"占比 79％的语义韵完全一致。"积极心理情绪"在二者语义韵中的占比分别为 11％、6％。"역력하다"的中性语义韵"客观描述事物的特征和样貌(10％)"也与"明显"的中性语义韵"客观描述事物的显著性特征"(12％)基本一致。二者的对等率为 39％,即"明显"的索引行中有 39％的比例可以翻译为"역력하다"。另外,在"明显"的 100 个观察索引行中,尽管没有发现"消极／积极社会氛围明显"这一语义韵,但在更大范围的索引行中发现了少数语料具有这一功能特征。因此,"역력하다"的索引行基本都可以用"明显"翻译。例如:

45)이 사회는 갈수록 혼 빠진 미라처럼 돼가는 기색이 역력하다.

46)어머니의 얼굴에 실망하는 빛이 역력하였다.

47)몇몇 사진들에는 기록성 못지않게 직감과 느낌으로 미학적 요소들도 고려한 의도가 역력하게 드러나 있었다.

上述例句分别代表了"消极社会氛围明显""消极心理情绪明显"和"客观事物特征明显"三个语义韵。例 45)可以翻译为"这个社会明显越来越像一具没有灵魂的木乃伊",例 46)翻译为"妈妈的脸上明显显现出失望的神情"。例 47)可以译为"一些照片不仅具有记录性,从直觉和感觉上看,明显考虑了一些美学因素"。这三个译文在准确性和流畅度上都经得起推敲。因此,"역력하다"与"明显"可视为"涵盖式翻译对等词"。

"역력하다—历历在目"不论在主导语义趋向、语义趋向范围,还是在语义韵上,都存在差异。"历历在目"的语义韵比较单一,其中80%表达了对难以忘怀之事的感慨,在这一语义韵上二者不构成对等关系。另外20%是客观描述事物清楚明了的样子,这一语义韵与"역력하다"的"事物的客观特征或外部样貌明显"(10%)存在一致性。二者的对等率为20%。例如:

48)일정한 간격을 두고 봉화대를 높게 세웠는데 그 곳에는 몇 사람씩 주둔한 흔적이 역력했다.

49)박석이 지금도 남아 있다. 역시 많은 사람이 밟고 다닌 흔적이 역력했다.

上述两个例句代表二者一致的语义韵。例48)可翻译为"每隔一段距离设置一座高高的烽火台,那里驻扎人的痕迹仍历历在目",例49)可翻译为"薄石犹存,多人踩踏过的痕迹仍历历在目"。因此,"역력하다"与"历历在目"可视为"部分一致翻译对等词"。

"역력하다"和"明显、历历在目"的翻译对等关系如表3-20所示。

表3-20 "역력하다"与初似翻译对等词的对等关系

	主导语义趋向是否一致	语义趋向范围是否一致	语义韵是否一致	对等关系
역력하다 - 历历在目	部分一致	部分一致	部分一致	部分一致翻译对等词
역력하다 - 明显	涵盖式一致	明显 > 역력하다	涵盖式一致	涵盖式翻译对等词

3.3 "또렷하다"的翻译对等词分析

3.3.1 "또렷하다"翻译初似对等词的确定

双语词典在研究跨语言翻译对等中的局限性已经在前文阐释。双语词典中列出的对应词条可以作为阐释源语单位的释义词,但当作源语单位的翻译对等词则没有依据。"또렷하다"的词典释义词条列表3-21如下。

表 3-21　NAVER 双语词典中"또렷하다"的释义

原语	对应词条
또렷하다	鲜明、明显、清楚、明亮、清脆

以"또렷하다"为节点词从自建的平行语料库中共检索到 15 个句对(见附录 3)。15 个索引行中共有 5 个汉语翻译对应单位,详见表 3-22。

表 3-22　平行语料库中"또렷하다"的对应单位

节点词	对应单位	频次 / 频率
또렷하다	清晰	8
또렷하다	历历在目	3
또렷하다	清楚	2
또렷하다	清清楚楚	1
또렷하다	(记忆)犹新	1

表 3-22 中的"清晰、历历在目、清楚、清清楚楚、(记忆)犹新"是本书从韩汉平行语料库中检索得出的翻译对应单位,其中"清晰、历历在目、清楚"三个单词的检出数量分别为 8、3、2,但是并未在 NAVER 双语词典中出现。与此相反的是,"鲜明、明显、明亮、清脆"等四个词是 NAVER 双语词典中出现的释义词条,但并未在韩汉平行语料库中出现。

本书按照初似翻译对等词的三个标准来确定"또렷하다"的初似翻译对等词。

第一,初似翻译对等词首先要是个"词"。"清晰""清楚"都是词,"犹新"不是词,首先排除在外。"清清楚楚"是形容词的重叠形式,"历历在目"是四字成语,本书把这两种形式均纳入词的范畴。

第二,初似翻译对等词要具备"清楚"义词义,即"清楚、清晰、明显"等意义。"清晰、历历在目、清楚、清清楚楚"四个对应词语中,"清晰、清楚、清清楚楚"三个对应词显然具备"清楚"义词义。"历历在目"在前文已经证实也具备"清楚"义词义。

第三,初似翻译对等词在平行语料库中的检出频率要高于其他对应词。"清晰、历历在目"在本书自建平行语料库中的检出频率高于另外三个。

因此,本书把"清晰、历历在目"两个词确定为"또렷하다"的初似翻译对等

词。

下面我们借助韩国语和汉语的单语语料库对"또렷하다"和汉语初似翻译对等词进行语义韵对比分析。

3.3.2 "또렷하다"的语义韵

3.3.2.1 "또렷하다"的高频共现词考察

在 21 世纪世宗韩国语语料库中输入"또렷하다"及其曲折变化形式,共得到 117 个索引行(本节文本处理及词频排序原则同上)。表 3-23 是从 AntConc 中获取的高频共现词语。

表 3-23 "또렷하다"在世宗语料库中的高频共现词语

Freq	Freq(L)	Freq(R)	MI 值	Collocate
93	0	0	−1	또렷한
7	0	7	4.650 28	눈
5	5	0	4.579 89	선
4	0	4	4.842 92	콧부리가
4	4	0	4.842 92	코
4	0	4	4.842 92	인중
4	4	0	4.842 92	뾰족하고
4	0	4	4.257 96	목소리로
4	0	4	4.842 92	맑은
4	0	4	4.842 92	금을
3	3	0	4.842 92	차분하고
3	1	2	3.620 53	목소리는
2	0	2	4.842 92	한국말로
2	2	0	4.257 96	이마
2	2	0	4.842 92	의식이
2	0	2	4.842 92	음성으로
2	2	0	4.842 92	우물고누판의
2	0	2	4.257 96	소리로
2	0	2	4.842 92	부분은

续表

Freq	Freq（L）	Freq（R）	MI 值	Collocate
2	0	2	3.842 92	목소리가
2	0	2	4.842 92	모습을
2	2	0	4.842 92	매끈한
2	0	0	4.842 92	눈동자의
14	0	0	−1	또렷하고
2	2	0	6.049 59	목소리가
7	0	0	−1	또렷하다
2	2	0	8.049 59	기억이

观察词频表中的高频共现词语，可以发现有两类词出现频率较高。

第一类词是节点词的名词搭配词。名词搭配词呈现出明显的语义聚合倾向。第一类名词是表示人的五官样貌的名词，例如“눈（眼睛）、콧부리（鼻尖）、인중（人中）、이마（额头）、눈동자（眼珠）”。第二类名词是与人相关的抽象名词，例如“목소리（嗓音）、음성（声音）、의식（意识）、소리（声音）、기억（记忆）、모습（样子）”。

通过 AntConc 的 File View 察看搭配词与节点词构成的具体语境，发现共现词多与节点词构成定中短语或主谓短语。例如“또렷한 눈、선이 또렷하고 도톰한 입술、또렷한 인중、또렷한 목소리、목소리는 또렷하고、의식이 또렷하다”。具体语境参见表 3-24。

表 3-24　“또렷하다”的扩展语境 1

눈이	또렷한	애들 둘은 친정으로 보냈다 .
까맣고	또렷한	눈동자, 훤칠한 키에 준수한 용모,
누나의 인중선이	또렷한	입술이 열리면서 희고 가지런한 치아가 드러났다 .
이젠 분명히,	또렷한	목소리로 그녀 자신에게뿐만…
의식이	또렷한	가운데 살의의 감각 같은 것이 예리하게 빛나고 있었다 .

第二类词是形容词，如“분명하다（分明）、맑다（明亮）、차분하다（沉稳）、확실하다（明确）、침착하다（沉着）”。尽管数量不多，但通过 File View 发现这些形

容词多与节点词一起修饰同一个名词,例如"눈동자의 검은 선이 또렷한 맑은 눈、차분하고 또렷한 목소리、발음이 또렷하고 분명한데다 어투 또한 무척 차분했다、또렷하고 확실하며、목소리가 또렷하고 침착했던"。这些形容词补充、加强了"또렷하다"的"清楚"义,同时传达了欣赏、赞美等表示肯定的态度意义。具体语境参见表 3-25。

表 3-25　"또렷하다"的扩展语境 2

서리는 청문회장에서 비교적 차분하고	또렷한	말씨로 의원들의 추궁에 대처해 나갔다 .
매끈한 이마, 눈동자의 검은 선이	또렷한	맑은 눈, 귀여운 코, 또렷한 인중…
육사는 차분하고	또렷한	목소리로 이 시를 다 읽었다 .
화이트 메이크업으로 차분하고	또렷한	화장을 한다 .
우리말 발음이	또렷하고	분명한데다 어투 또한 무척 차분했다 .

根据以上分析,节点词的语义韵主要受到名词搭配词和形容词搭配词的影响,类联接对节点词语义韵并未产生显著影响。节点词与名词搭配词一起描述了样貌、五官或相关事物清晰、分明的样子,与形容词搭配词一起表达了欣赏、赞美等肯定的态度意义。

3.3.2.2　"또렷하다"的扩展意义单位分析

"또렷하다"共有 117 个索引行,因为数量不多,本书采取穷尽分析的方法。

观察"또렷하다"的扩展语境,发现主要有两个显著的类联接形式。一个是定中短语在句中作主语、状语或宾语,例如"또렷한 동장님의 목소리는、또렷한 목소리로、줄무늬가 또렷한 의복을",这一结构在全部 117 个索引行中有 96 个(82%),占据数量上的绝对优势。另一个是主谓短语,例如"이목구비가 또렷하고、눈치가 또렷하고도",这一结构有 21 个(18%)。与"역력하다"一样,"또렷하다"的类联接形式构成也未对语义韵产生直接的影响。

为进一步明确"또렷하다"在扩展意义单位模型中的具体特征,我们继续观察"또렷하다"的搭配词,归纳搭配词的语义选择趋向。依据节点词描述对象的性质,搭配词可分为两类:一类是表示人的五官、样貌以及其他相关事物的名词,例如"이목구비、말씨、목소리、기억";一类是普通名词,例如"활자、길목、노른자、차별성"。"또렷하다"的搭配词和语义选择趋向列表 3-26 如下。

表 3-26 "또렷하다"的搭配词和语义选择趋向

类别	搭配词	语义选择趋向
描述对象 1 77%	이목구비、말씨목소리、기억、어조、목성、얼굴、눈、말소리、눈동자、의식、호기、생각、소리、인중、인중선、눈망울、영상、음성、눈빛、한국말、모양、눈썹、윤곽、모습、음색、이름、일본말、대답、그림자、발자취、발음、눈치、북한말투	人的五官、样貌和其他相关事物
描述对象 2 23%	줄무늬、한글、조명、금、활자、곡、길목、글자、화장、노른자、차별성、부분、화인(烙印)、실체、정신、이성、자각、개념、꿈、현실、(마음의)창	其他一般事物

通过分析 117 个索引行的扩展语境,可以得出以下几个结论。

与"역력하다"频繁吸引表达消极心理情绪的形容词不同的是,"또렷하다"主要吸引两类名词(节点词的描述对象)和部分表达积极语义的形容词。

第一类名词是与人的五官、样貌及相关事物有关的名词,在所有索引行中占比 77%。例如"이목구비、얼굴、눈、눈동자、인중、인중선、눈망울、눈빛、모양、눈썹、윤곽、모습、눈치、기억、어조、목성、말소리、의식、호기、생각、소리、음성、한 국말、음색、이름、일본말、대답"。特别是表示声音的名词在 117 个索引行中的共现频率高达 25.6%,例如"목소리、소리、목성、어조、말소리"。例如:

50)原文:신애 누나의 인중선이 또렷한 입술이 열리면서 희고 가지런한 치아가 드러났다.

译文:新爱姐姐张开人中线清晰的嘴唇,露出雪白整齐的牙齿。

51)原文:또렷한 한국말로 '초청해주어 감사하다' 는 말을 덧붙이길 잊지 않았다.

译文:(他)还不忘用清晰的韩国语说"谢谢邀请"。

例 50)中,"인중선이 또렷한 입술(人中线清晰的嘴唇)"指的是人的五官清晰,例 51)中的"또렷한 한국말(清晰的韩国语)"指的是由人的五官发出的声音清晰。这两个例句表达了事物"清晰、分明"的中性语义韵。

在包含第一类名词的扩展语境中,"또렷하다"经常吸引表达积极态度意义的形容词,表达赞美、欣赏等肯定态度意义,这类索引行占比 11%。例如:

52）原文：눈도 반짝이고 말소리도 또렷한 게 여간 똑똑하지가 않다.

译文：眼睛闪亮，声音也清晰，不是一般的聪明。

53）原文：張서리는 청문회장에서 비교적 차분하고 또렷한 목소리로 의원들의 추궁에 대처해 나갔다.

译文：在听证会上，张代理用比较沉稳、清晰的声音应对议员们的审问。

例52）中，"眼睛闪亮，声音也清晰，不是一般的聪明"，通过对声音相貌的描述，表达了话者对语境中被描述对象的欣赏。例53）中，"……用比较沉稳、清晰的声音应对议员们的审问"，表达了话者对"張서리"沉着应对、临危不惧的赞赏之情。

第二类名词是表示其他一般事物的一般名词①，如"줄무늬、한글、조명、금、활자、곡、길목、글자、노른자、차별성、화인（烙印）"，这类名词的共现频率为23%。在包含此类名词的索引行中，有17%是对事物特征的客观性描述。例如：

54）原文：지극히 눈에 띄기 쉬운 빨강, 검정, 하얀색의 줄무늬가 또렷한 의복을 입고 있는 것은 어찌 된 셈일까?

译文：穿着极为显眼的，带有清晰的红、黑、白三色条纹的衣服，这到底是怎么回事呢?

55）原文：(꿈은)현실처럼 또렷하고 구체적이기까지 해요.

译文：梦想像现实一样清晰、具体。

例54）中，"또렷한 줄무늬（清晰的条纹）"是对"줄무늬（条纹）"这个具体事物的客观描绘。例55）中"꿈은 현실처럼 또렷하고（梦想像现实一样清晰）"是对"꿈（梦想）"这个抽象事物的客观描述。这两个例句也表达了事物"清晰、分明"的中性语义韵特征。

在第二类名词中，有少数表示抽象事物的名词在扩展语境中运用比喻的修辞手法表达肯定的态度意义，如"화인（烙印）、자각、개념、꿈、현실、창"，这类名词的共现频率为6%。例如：

56）原文：……세계 역사에 또렷한 획을 그었다.

译文：在世界历史上留下了清晰的一笔。

57）原文：눈이란 때론 말보다 또렷한 마음의 창(窓)이다.

---

① 一般名词是表示人和事物的名称，包括普通名词、专有名词、集合名词、抽象名词和物质名词（黄伯荣，廖序东，2002）。

译文：眼睛是心灵的窗户，有时比语言更加清楚。

例56）中，"在世界历史上留下了清晰的一笔"，表达了话者对革命推动历史发展的肯定态度意义。例57）中，"眼睛是心灵的窗户，有时比语言更加清楚"，表达了话者对眼睛可以洞察内心的肯定态度意义。

综上所述，节点词共包含两个语义韵，详见表3-27。

表3-27 "또렷하다"的语义韵

语义韵特征	比例
【中性：客观描绘事物分明的样子】	83%
【积极：表达欣赏、赞美等肯定的态度意义】	17%

第一个语义韵是【中性：客观描绘事物分明的样子】，这一语义韵的出现频率高达83%。其中包括客观描述人的样貌、五官或相关事物（66%）、其他普通事物（17%）。

第二个语义韵是【积极：表达欣赏、赞美等肯定的态度意义】。积极语义韵通常通过蕴含积极语义的形容词和比喻的修辞手法来实现。

3.3.3 "清晰"的语义韵

3.3.3.1 "清晰"的高频共现词考察

"清晰"一词在句中主要作谓语、定语，在部分索引行中，"清晰"还后接结构助词"地"作状语。另外，"清晰度、清晰化"等词通常具有相对稳固的搭配形式和较为鲜明的语义韵特征，但这些形式和特征属于"清晰度""清晰化"，不属于"清晰"本身，因此在检索语料时去除。我们在语料库中共检索到877个符合标准的索引行，在按照去噪、分词的顺序对文本进行处理后，再导入AntConc语料库分析软件中进行搭配分析。"清晰"的高频共现词语列表3-28如下。

表3-28 "清晰"在BCC语料库中的高频共现词语

Freq	Freq（L）	Freq（R）	MI值	Collocate
877	0	0	−1	清晰
111	46	65	4.744 4	声音
74	0	74	5.234 39	可见
67	54	13	5.071 92	轮廓

续表

Freq	Freq（L）	Freq（R）	MI 值	Collocate
52	40	12	5.096 22	头脑
30	27	3	5.206 45	条理
28	17	11	4.178 47	声
25	23	2	5.253 76	思路
24	0	24	5.194 87	可闻
23	12	11	5.076 88	线条
23	22	1	4.317 89	字
14	10	4	4.154 22	听到
14	11	3	4.360 68	传来
11	1	10	4.806 3	语言
11	1	10	5.012 75	思维
10	2	8	4.990 73	浮现
9	7	2	5.253 76	逻辑
9	8	1	5.253 76	口齿
9	2	7	4.516 79	印象
8	0	8	4.668 8	脚印
8	3	5	4.931 83	图像
8	4	4	5.083 83	嗓音
8	3	5	4.668 8	影子

　　分析高频共现词语,可以发现"清晰"与"또렷하다"在名词共现词上具有相当程度的相似性。

　　第一类名词表示人的身体部位或相关事物,例如"声音、轮廓、语言、口齿、脚印、嗓音","声音"是与"嘴""嗓子"相关的抽象事物,也归入此类。这类名词与"또렷하다"的"목소리、목성、말소리、소리、음성、그림자、발자취"等共现词具有一致性。特别是表示声音的共现词语数量极多,除了"声音(111)、声(28)、嗓音(8)、脚步声(6)、马蹄声(6)、钟声(4)、呼吸声(4)",还有"发音(4)、口吻(4)、语调(3)"等与声音相关的名词。具体的共现语境参考表 3-29。

表 3-29 "清晰"的扩展语境 1

它的**声音**	清晰	且富有美感,十分动听。
鼻子小巧,**轮廓**	清晰	。冲着我们张开的嘴巴略微凸起。
听到那**口齿**	清晰	的声音,修平才发觉对方居然是妻子。
渠底的淤泥和青蛙的**脚印**	清晰	可辨。
海香亭忽然变得**嗓音**	清晰	洪亮了,脸上的表情也丰富了。

第二类名词表示人的大脑思维,例如"思维、思路、逻辑、印象、头脑",这些名词的共现频率和 MI 值均较高。通过 File View 察看语境,可以发现这些名词主要与节点词构成定中短语或主谓短语,主要表示人的思维清晰。具体语境参考表 3-30。

表 3-30 "清晰"的扩展语境 2

但**头脑**	清晰	的理性思维才能真正解决问题。
修养方面,她头脑灵活,**思路**	清晰	,她熟读历史和英国古典作品。
他好像很有研究,有一套**条理**	清晰	、逻辑井然的精辟高论。
一流的作品由于**逻辑**比较	清晰	,表述比较果断、个性比较鲜明……

观察共现词语还可以发现,"可见"和"可闻"两个词的共现频数分别达到了 74、24,紧跟在"清晰"后面构成中补短语,表示清晰的程度。例如"脸上的汗毛清晰可见、白色的护栏清晰可见、沉重的呼吸声清晰可闻""脚步声和车轮声清晰可闻"。这可视为节点词在类联接上的一个显著特征。当然,节点词的类联接形式对语义韵是否有影响、有何种影响,尚需观察具体的扩展语境。

通过上述分析,可以得出以下两个结论。

第一,"清晰"主要和描述人的身体、思维的词语形成搭配关系。其中,表示"人的身体部位或相关事物"的高频搭配词与"또렷하다"具有一致性,表示"人的大脑思维"的高频搭配词与"또렷하다"不一致。因此,"清晰"和"또렷하다"很可能在语义韵上存在部分对等关系。

第二,"또렷하다"的类联接形式较为简单,"清晰"的类联接形式稍显复杂,但是否对语义韵产生影响有待进一步考察。

3.3.3.2 "清晰"的扩展意义单位分析

观察索引行,可以发现"清晰"一词的类联接形式大体分为主谓短语和定中短语两种,例如"条理清晰、字迹清晰、清晰的轮廓、清晰的指纹、清晰的马蹄印"。但是与"또렷하다"不同的是,在两个大的类联接形式中,另有联合短语、并列复句和中补短语三个较为常见的类联接形式。下面将逐一分析三种类联接形式对语义韵的影响。"清晰"的类联接形式详见表 3-31。

表 3-31 "清晰"的类联接形式

类联接	类联接小类
主谓短语	简单主谓短语
	中补短语(清晰 + 可见＼可闻＼可辨)作谓语
	联合短语(清晰 + 而＼而又＼且等 + 形容词性词语)作谓语
并列复句	并列复句
定中短语	简单定中短语
	联合短语(清晰 + 而＼而又＼且等 + 形容词性词语)作定语

第一种类联接形式是联合短语,例如"清晰且愉悦""色泽清晰、柔和""清晰而又热切感人""轻柔而清晰""准确的、清晰的"。这种联合短语在句中通常作谓语或定语,有意义叠加的作用。

为明确联合短语结构是否对语境中的态度意义有影响,本书分析了 877 个索引行中包含联合短语的全部 98 个例句,发现有 87 个索引行通过联合短语的形式,用两个或两个以上形容词表达了话者认可、肯定、称赞等积极态度意义。例如:

58) 他期望自己眼前终将展现出一幅准确而清晰的人类社会图,使他可以无所顾忌地行动。

59) 他的思路清晰而周密,写下的东西使他很偷快。

例 58)、59)中,"准确而清晰的"和"清晰而周密"都表达了话者对文中"人类社会图"和"思路"的肯定态度意义。

第二种类联接形式是并列复句(52 个),例如"言谈清晰,步履轻捷""轮廓清晰,色调明快"。并列复句多用四字排比的结构加强语气,表达了积极的态度意义。尽管分句的主语不一致,但是从大的语境来看,这些分句的描述对象相同。

例如：

60）　最好的时机是病人回光返照的时刻，头脑清晰，思维敏捷，面色和善，双目炯炯有神，放射出智慧的光芒。

61）　这番话说得如此得体，口齿清晰，声调高昂，外加词清句丽，词藻严谨，……

例60）中，"头脑清晰，思维敏捷，面色和善，双目炯炯有神"的描述对象是"病人"，句中使用四个简短分句构成并列复句，表现了病人回光返照时的"良好状态"。例61）中，"口齿清晰，声调高昂，外加词清句丽，词藻严谨"的描述对象是"这番话"，分句中的形容词"清晰、高昂、清丽、严谨"表达了话者对"这番话"表示赞赏的积极态度意义。

第三种类联接形式是中补短语，例如"清晰可见、清晰可闻、清晰可辨"。包含此类短语的索引行共有113个。

观察搭配词语可以发现"清晰可见"与"清晰可辨"的主语是表示具体事物的名词性词语，例如"汗毛、字迹、房子、肋骨、青色脉管、肌肉、血迹、扣子的痕迹、火光、倒影、石块、护栏、发根、水草、信号灯、小颗粒、烟雾"，表达了话者客观描绘事物清晰分明的中性态度意义。例如：

62）　他慢慢地站起来，把手帕塞进口袋里，手帕上的点点血迹清晰可见。

63）　在灯光的掩映之下，整个古堡的轮廓清晰可辨。

例62）中，"血迹清晰可见"客观描述了"手帕"上的血迹清晰分明的样子。例63）中，"轮廓清晰可辨"客观描绘了"古堡"在灯光下清晰分明的样子。

"清晰可闻"的主语搭配词语词义与声音相关，如"涛声、笑声、钟声、深呼吸声、撞击声、脚步声、皮鞋声、雨声、车轮声、滴答声"。"清晰可闻"表现了各种声音清晰分明的客观事实，属于中性语义韵。例如：

64）　那颗清晰可见的心脏跳动得特别剧烈，"嘭嘭"的声音清晰可闻。

65）　远处牧羊犬的叫声和孩子们的笑声清晰可闻，光秃秃的小山上空，传来教堂的钟声。

例64）、65）分别描绘了心脏跳动的声音、牧羊犬的叫声和孩子们的笑声，这些描述没有添加情感和态度意义。

三种类联接形式分布得比较集中，因此本书进行穷尽考察。三种结构共263个索引行占全部语料的30%。其余索引行中的类联接形式为简单主谓短语及定中短语,本书随机抽取了 70 个索引行作为研究对象。表 3-32 统计了"清晰"的搭配词语以及各自的语义选择趋向。由于"清晰"的类联接特征对语义韵有显著的影响,因此本小节将不同于前文以"节点词描述对象"为分类标准的方法,选择以"类联接形式"为搭配词语的分类标准,具体分析结果详见表 3-32。

表 3-32　"清晰"的搭配词语和主导语义趋向

类别		搭配词语	主导语义趋向
简单主谓短语、定中短语（70%）		声音、头绪、头脑、眉目、发音、字迹、轮廓、画面、念头、条理、纹路、刻度、逻辑、痕迹、形状、口齿、思路、嗓音、身影、记忆、纹理、视力、面目、线条等	1. 人的五官、身体及产出物（23%） 2. 主观思维（32%） 3. 其他一般事物（15%）
并列复句及联合短语（17%）	名词或名词性短语	声音、线条、情绪、记忆力、知识、画面、感觉、语调、形象、心灵、梦、逻辑思考、条理、思路等	1. 人的五官、身体及产出物（43 / 5%） 2. 人的主观思维（107 / 12%）
	形容词或形容词短语	响亮、优美、明确、正确、精确、坚实、自信、奇怪、干脆、静谧、伟大、甜蜜、冷静、热切感人、周密等	积极语义
中补短语（13%）		字迹、汗毛、花纹、房子、肋骨、青色脉管、肌肉、护栏、石块、发根、水草、珊瑚、静脉、线条、雪峰、小绒毛、说话声、呼吸声、雨声、钟声、脚步声等	其他一般事物（13%）

通过以上分析可以得出如下结论。

第一,从类联接上看,节点词有三个显著的类联接形式对语义韵产生了明显的影响。一类是联合短语和并列复句(17%),这两类结构同属于并列结构,因此归为一类进行总结。这一结构通过两个或两个以上的形容词、形容词性短语或四字排比结构表达了话者肯定、认可、赞赏的积极态度意义。另一类是中补短语"清晰可见、清晰可闻、清晰可辨"(13%),此类结构的主语是表示具体事物的名词性词语,句中表达了中性语义韵,客观描绘了事物清晰分明的样子。相比单独的"清晰"一词,这类结构在"清晰"的程度上有所增强。

第二,从语义选择趋向上来看,"清晰"的描述对象主要分属于三个语义集合。

第一类是表示身体五官及产出物的名词,例如"声音、线条、眼睛、口齿",这一类名词占比28%,在简单主谓短语和定中短语中,包含此类名词的索引行主要表达中性语义韵。例如:

66) 突然,我听到一个孩子清晰的声音:"好!"

67) 我小心翼翼地走进房里,像走在雪地上,在积满灰尘的地面留下一行清晰的脚印。

例66)、67)客观描绘了清晰的"声音""脚印",并未体现出明显的情感色彩。

第二类是与人的主观思维相关的名词,例如"头脑、情绪、逻辑、思路、条理、思考",这一类名词占比44%。包含此类名词的索引行大多表达了话者肯定、认可、赞赏等积极态度意义(43%)。例如:

68) 他说你是一个头脑清晰的很少盲动的人,他还说你才配做他的对手。

69) 我的父亲尽管身材臃肿,但却极富个人魅力,讲话时思路清晰,分寸把握得当。

例68)中,"头脑清晰、配做对手"表达了赞赏、欣赏的积极态度意义。例69)中,"思路清晰"和"分寸把握得当"组成并列复句,表达了对父亲"个人魅力"的欣赏、称赞。

第三类是表示其他一般事物的一般名词性词语,包括抽象名词性词语和具体名词性词语。例如"痕迹、形状、字迹、汗毛、花纹、房子、肋骨、青色脉管",此类名词性词语占比28%。包含此类名词性词语的扩展语境主要表明了话者客观描绘事物的中性态度意义。例如:

70) 一小张白色信笺上写着几行字迹清晰的小字。

71) 大厅宽敞,摆着纹路清晰的木制桌子和藤椅,外面有座池塘。

72) 猴子一边唱一边用两只瘦瘦的手转动磨盘,手上关节的骨头清晰可见。

例70)～72)中,"字迹清晰、纹路清晰、骨头清晰可见"是客观描述,没有附加情感色彩。

其中第一类和第三类与"또렷하다"的语义选择趋向基本一致。

第三,从语义韵上看,"清晰"主要有积极、中性两种语义韵。详情请见表3-33。

表 3-33 "清晰"的语义韵

语义韵特征	比例
【中性:客观描绘事物分明的样子】	57%
【积极:表达肯定、认可、赞赏等积极态度意义】	43%

"清晰"有43%的索引行表达了认可、肯定、赞赏等积极态度意义,而"또렷하다"表达积极语义韵的索引行只占17%。这与"清晰"的类联接形式(联合短语、并列复句、中补短语)和语义选择倾向(人的主观思维)密切相关。另外57%的索引行表达了客观描述事物特征的中性态度意义,这与中补短语的类联接形式和节点词描述对象的语义选择倾向有关。

由此可见,"清晰"与"또렷하다"在语义选择趋向和语义韵特征上呈现一致性,二者可以视为翻译对等关系。

3.3.4 "또렷하다—清晰—历历在目"的翻译对等关系

根据以上对"또렷하다"和"清晰"的语义韵所作的描写分析,二者各自的语义韵可详见图3-6、3-7。

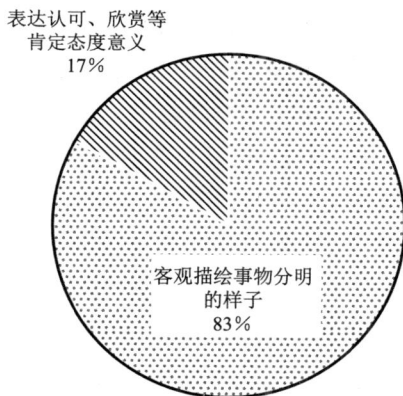

图 3-6 "또렷하다"的语义韵分布

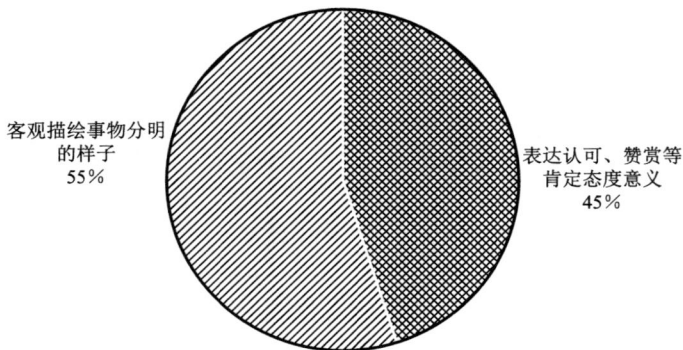

图 3-7 "清晰"的语义韵分布

"또렷하다—清晰"在主导语义趋向、特别是语义韵上完全一致。从图 3-6 和图 3-7 可以看出,二者均有两个语义韵,分别为"中性:客观描绘事物分明的样子"和"积极:表达认可、赞赏等肯定态度意义"。因此,可以认定二者的语义韵是一致的。例如:

73)형준이는 그녀를 바라보며 또렷한 목소리로 대답했다.

74)張대리는 청문회장에서 비교적 차분하고 또렷한 목소리로 의원들의 추궁에 대처해 나갔다.

上述两个例句代表二者相同的语义韵。例 73)可译为"形俊看着她,用清晰的声音回答",体现了中性语义韵。例 74)可译为"张代理在听证会上用沉着、清晰的话语应对议员们的审问",体现了积极语义韵。

但是两个语义韵各自所占的比例不尽相同,二者的中性语义韵占比分别为 83%、57%,积极语义韵占比分别为 17%、43%。这主要是节点词的语义趋向范围与类联接的差异造成的。二者的主导语义趋向都包含两个语义集合,分别为"五官身体、样貌及产出物"和"一般事物"。"또렷하다"在上述两个语义集合中的占比为 77%、23%,而"清晰"在两个语义集合中的占比则为 28%、28%,"五官身体及产出物"的比例明显下降,导致"清晰"的中性语义韵比例下降。

在语义趋向范围上,"清晰"中多了"人的主观思维"这一语义集合(44%),这一集合经常与蕴含积极语义的形容词性词语结合,体现积极的语义韵,导致"清晰"的积极语义韵比例上升。

在类联接形式特征上,"清晰"存在三个较为显著的类联接形式,即联合短语、并列复句和中补短语。其中联合短语和并列复句中经常出现表示积极语义的形容词性词语,使得整个语境表达了肯定、认可、赞赏等积极态度意义,这两个类联接导致了"清晰"的积极语义韵比例上升。

综上所述,尽管"또렷하다—清晰"在类联接和语义趋向范围上不完全一致,但是二者在主导语义趋向,特别是语义韵上基本一致,因此可以视为翻译对等词。

"또렷하다—历历在目"在语义选择趋向和语义韵上均呈现部分一致的特征。从图3-5和图3-6来看,二者的语义韵既有相同点,也有较大差异。其中"中性:客观描述事物分明的样子"是二者共有的语义韵。但是察看代表中性语义韵的索引行,发现二者在搭配词语义选择趋向上存在巨大差异。"또렷하다"的两个语义集合——人的五官、样貌及相关事物、一般事物(包括具体事物和抽象事物)的比例分别为77%、23%,"历历在目"的两个语义集合分别为"过去的事情、情景"和"具体事物",各自占比80%、20%。在貌似共同的"具体事物"这一语义集合中也存在明显差异。在"또렷하다"的所有索引行中,仅有以下几例中的源语节点词可以与"历历在目"形成对等关系。例如:

75) 고정 관념의 어둠 속에서도 자유를 위해 고독한 투혼을 불살라온 학생들의 발자취가 너무나 또렷했다.

76) 자신의 손가락 열두 마디를 기름불에 태운 일타 스님의 그림자가 또렷하게 떠올랐다.

77) 작년 이맘 때 어느 오후의 일은 지금도 어제같이 기억이 또렷하다.

例75)可译为"学生们在固定观念的黑暗中孤独燃烧自由斗志的足迹历历在目"。例76)可译为"日陀大师在火中燃烧自己十二个手指关节的身影仍历历在目"。例77)可译为"去年这时的某个午后,至今仍历历在目,亦如昨天"。这三个例句实际表达了"感慨、难以忘记"的态度意义,与"历历在目"的积极语义韵一致。但这类索引行在"또렷하다"索引行中的比例极少,因此没有形成显著的语义韵。

据以上分析,"또렷하다—历历在目"在"感慨、难以忘记"的态度意义上一致,但由于各自所占比例极不平衡,二者不能构成翻译对等关系。

"또렷하다"与"清晰、历历在目"的对等关系如表3-34所示。

表 3-34 "또렷하다"与初似翻译对等词的对等关系

	主导语义趋向是否一致	语义趋向范围是否一致	语义韵是否一致	对等关系
또렷하다 —清晰	一致	基本一致	一致	翻译对等词
또렷하다 —历历在目	不一致	不一致	不一致	非翻译对等词

3.4　小结

本章主要对比分析了"역력하다"和"또렷하다"与汉语初似对等词的语义韵及典型性翻译对等关系。主要观点可概括如下。

第一,基于数据的高频共现词考察和扩展意义单位分析是判定翻译对等的有效方法。高频共现词考察可避免因观察语料少而造成的遗漏,扩展意义单位分析可对节点词的类联接、语义选择趋向、语义韵三个层面进行多角度考察,进而可得出更为可靠的语义韵分析结果。

第二,扩展意义单位分析中的搭配、语义选择趋向和类联接皆有可能对翻译对等产生关键性影响,但语义韵仍是判断翻译对等的决定性因素。多数节点单位的语义选择趋向对语义韵产生了决定性影响,如"역력하다、显然、历历在目、또렷하다",但类联接在意义单位分析中的作用也不容忽视。类联接可以为提取搭配词提供明确的语法框架,为归纳语义选择趋向、语义韵提供更加细化的分类路径,也可以对某些节点词的语义韵产生直接影响。

第三,"역력하다"和初似翻译对等词"明显、历历在目"分别呈现"涵盖式翻译对等关系"和"部分一致翻译对等关系","또렷하다"和初似翻译对等词"清晰、历历在目"分别呈现"翻译对等关系"和"非翻译对等关系"。

第四,词层面的对等率较低。"역력하다"和"明显、历历在目"的对等率分别为39%、20%,"또렷하다"和"历历在目"仅在极少数索引行中可以形成对译关系,因此,翻译对等研究有必要突破词汇层面,将对等单位扩大到短语序列或者更大的单位。

<table>
<tr><td>第四章</td><td>"역력하다"的非典型性翻译
对等单位研究</td></tr>
</table>

4.1 "역력하다"的翻译对等短语序列分析

在源语单位的语义韵较明确、目标语对应词的语义韵较为复杂时,可以采取扩大目标语对应单位的方法进一步寻找翻译对等单位。短语序列作为扩大的节点单位,因组合词之间的语义渲染可以改变单个词原有的意义单位,产生新的意义移变单位[①]。

与"또렷하다"相比,"역력하다"在平行语料库中获取的对应单位更加多样化,存在多个短语序列,因此本小节以"역력하다"的汉语对应单位为研究对象。

"역력하다"在平行语料库中获取的对应单位共有 9 个。除去"明显、历历在目",还有"显露出、清晰可见、明显显得、难掩、不难看出、写满、明显(地)显露出"7 个对应单位。本小节的研究对象,需要满足以下两个条件。

第一,本小节的研究对象首先应为"短语"。短语是意义上和语法上能搭配而没有句调的一组词,又叫词组,它是大于词而又不成句的语法单位(黄伯荣,廖序东,2002)。"显露出、清晰可见、明显显得、不难看出、写满、明显(地)显露出"等 6 个单位属于短语,"难掩"是词。

第二,研究对象要具备"清楚"义词义,即"清楚、清晰、明显"等意义。其中,"清晰可见、明显显得、明显(地)显露出"三个短语序列的组合中皆有"清晰、明

---

① "意义移变单位"(Meaning-Shift Unit)是指由共选型式变化而产生的新扩展意义单位。语义韵发生质的变化即代表产生新扩展意义单位。

显"。"显露"的词典释义 ① 为"谓明白直接；显出、表露"，也具备"清楚"义的核心意义。而"不难看出、写满、难掩"从字面意义上来看则不具备"清楚"义的核心意义。因此，本书选定"显露出、清晰可见、明显显得、明显（地）显露出"4 个短语序列作为本小节的研究对象。

本书分别以 4 个短语序列为节点单位在 CCL 和 BCC 语料库中进行检索，分别得到 1 408、1 673、58、22 个检索结果，检索结果的数量明显少于普通单词。"清晰可见"和"显露出"由于检索结果相对较多，仍然需要使用 AntConc 进行搭配分析。其他两个短语由于索引行数量较少，扩展语境中显现出的共选特征较为明显，本书将不采取 AntConc 搭配分析的检验方法，直接分析短语序列的扩展意义单位。

4.1.1 "显露出"的语义韵

4.1.1.1 "显露出"的高频共现词考察

本书在 CCL 语料库中输入"显露出"，共得到 1 408 个检索结果。经过简单的文本处理，导入 AntCont，获得表 4-1 中的高频共现词语。

表 4-1 "显露出"在 CCL 语料库中的高频共现词语

Freq	Freq（L）	Freq（R）	MI 值	Collocate
1 408	1	1	−4.048 74	显露出
62	60	2	5.114 91	逐渐
54	52	2	5.356 17	日益
46	45	1	5.099 31	脸上
38	31	7	4.447 12	问题
32	30	2	4.949 21	矛盾
26	1	25	4.751 53	迹象
25	6	19	4.965 04	表情
21	3	18	5.046 07	才华
21	21	0	5.216	充分
18	8	10	4.934 71	明显

① 词典释义来自于"在线汉语字典"，网址：xh. 5156edu. com。

续表

Freq	Freq（L）	Freq（R）	MI 值	Collocate
17	11	6	4.852 25	优势
14	2	12	5.128 53	神色
13	12	1	5.202 19	深层次
13	11	2	4.716 76	作用
11	7	4	4.868 07	弊端
10	2	8	4.408 64	神情
10	0	10	5.408 64	生机
10	4	6	4.730 57	特点
10	1	9	4.730 57	天赋
9	4	5	5.119 14	颜色
9	6	3	4.671 68	缺陷
9	6	3	4.771 21	性格
9	3	6	5.256 64	局限性
8	1	7	5.238 72	轮廓
8	3	5	4.708 2	痕迹
8	5	3	4.601 29	因素
7	0	7	5.216	复苏
7	0	7	5.408 64	勃勃生机
6	0	6	5.408 64	端倪
5	0	5	4.923 22	风情

观察"显露出"在 AntConc 中的高频共现搭配词语,发现与"역력하다"既有相同之处,也有不同之处。

首先,在名词高频共现词语上,二者具有明显的相似之处。在前 30 个共现词语中,"显露出"与"脸上、迹象、表情、神色、神情、痕迹、端倪"等词语("脸上"为方位短语)频繁共现,这与"역력하다"的名词共现词基本一致。通过 File View 观察语境详见表 4-2。

表 4-2 "显露出"的扩展语境 1

她那饱经风霜的脸上已	显露出	痛苦的表情。
她转着圈跳舞,黑眼睛里	显露出	又惊又喜的神色。
……离我两步远的地方,他脸上	显露出	了抱歉的神情,语调亲热起来。
这姿态	显露出	他早年戎马生涯留下的痕迹。
鲁道夫在智慧上是否已	显露出	衰弱的端倪了。

从表 4-2 的索引行可发现,"表情、神色、神情"等名词经常与"痛苦、又惊又喜、抱歉、衰弱"等表示心理情绪的词语构成定中短语,这一特征与"역력하다"相似。

但是"显露出"还有一些名词性共现词语,未出现在"역력하다"的高频共现词中。例如"问题、矛盾、才华、优势、作用、特点、因素、生机、天赋、颜色、缺陷、性格、局限性、深层次"。点击查看各个共现词语的具体语境,发现这些词语主要集中于两个语义集合。

第一个语义集合表示"社会事物①的特点、形势、氛围"。例如"问题、优势、缺陷、矛盾、作用、因素、局限性",是对社会事物的特点、形式、氛围的抽象概括,这与"역력하다"语义趋向中的"社会性氛围"具有相似性。具体语境详见表 4-3。

表 4-3 "显露出"的扩展语境 2

进化论随着科学的发展而不断	显露出	**矛盾、问题、错误和缺陷。**
改革后企业机制的**优势**正在逐步	显露出	来,今年上半年……
乡镇企业在经营机制和企业制度上存在的**问题**也日益	显露出	来。
非洲经济去年	显露出	某些**积极因素**。

第二个语义集合表示人的能力、特点,例如"才华、天赋、性格",是对人的能力、特点的抽象性概括,这一语义选择趋向是"역력하다"的共选型式中没有的。具体语境详见表 4-4。

---

① 本书中的社会事物是指"生产关系、教育、语法、经济泡沫、社会制度、企业机制、行业"等社会科学领域的产物。

表 4-4 "显露出"的扩展语境 3

实验开始才两年,这个班已经	显露出	不同寻常的素质和**才华**。
这个农家子弟很早就热爱诗歌,且	显露出	创作的**天赋**。
在舞台后交谈,毛阿敏	显露出	热情而又活跃的**性格**。

第二,在动词、形容词共现词语上,二者显现出极大的不同。在"显露出"的前 30 个共现词语中,没有一个动词性或形容词性词语。与此相反的是,"역력하다"频繁与"고생하다(辛苦),불쾌하다(不愉快)"等表示消极心理情绪的动词、形容词形成共选关系。这一现象预示了二者在语义韵上不可能完全一致。

4.1.1.2 "显露出"的扩展意义单位分析

为进一步确认"显露出"在类联接、搭配、语义选择趋向和语义韵上的特征,本书随机抽取 100 个索引行进行扩展意义单位分析。

分析结果显示,"显露出"的类联接形式比较简单,大致集中在两种结构形式上。一种是【主语 + "显露" + 趋向动词"出来"】,一种是【主语 + "显露" + 趋向动词"出来" + 宾语】的形式,且这两种类联接形式构成并未对节点单位的语义韵产生直接影响。因此,本小节主要在上述类联接框架下考察节点词的搭配、语义选择趋向与语义韵之间的关系。

本小节按照节点单位的描述对象对搭配词语进行分类。"显露出"的描述对象主要分为"人""社会性抽象事物""具体事物" 3 类,下面用 3 个索引行为例,说明节点词的分类标准。

78)与会者的脸上都显露出异常兴奋的神色。

79)主导产业迅猛崛起,基础设施滞后的矛盾明显地显露出来。

80)杨林芳旋即从地面上消失了,操场上显露出一个直径近一米的洞口!

以上 3 个例句中,"显露出"的描述对象分别为"与会者脸上的神色、基础设施滞后的矛盾、操场上的洞口",分别代表"人""社会性抽象事物"和"具体事物"。

按照这 3 个分类标准对搭配词语以及语义选择趋向进行统计、归纳,得出表 4-5。

表 4-5　"显露出"的搭配词语和主导语义趋向

类别		搭配词语	主导语义趋向
"人" 41%	名词性词语	**强烈的**事业心、兴趣、表演才华、惊人的音乐天赋、杂技水平、惊人之举、幽默素质、商业头脑、**焦躁不安**的情绪、管理才能、气魄、毛细血管、生活品质、神色、**凌厉直捷**的禅风、**真实不虚**的天真本性、**丑恶**原型、境况、**朦朦胧胧**的自卑感、绘画才能、**衰败**的迹象、倾向、**悲伤**的样子、幻想、**兴奋**的样子、**优美**的身段、**卓越**的才能、才干、孩子的差异、**满足**的情态	人的能力、样貌
"社会性抽象事物" 48%	名词性词语	（社会、历时发展）本质关系、动因、（人类实践）普遍性品格、（生产关系）秘密、（基层社区生活）社会性、（劳动关系、商法通则行为规范）弊端、（国家权力、政策）公共性、（立法规定）缺憾、（获得性状遗传）不合理性、（进化论）矛盾、问题、错误、明显的缺陷、（系统框架）实践意义、（人口与社会、资源、环境）矛盾、教育（效果）、（资产阶级个性解放）曙光、（英美与苏联）矛盾、（语法观念）局限性、**幽深隐微**的道理、真相、（服务设施）先天不足、（经济泡沫的）**严重**后果、（外向型经济）蓬勃生机、（饮食结构和消费）不合理状况、（税收功能）弊端、（价格）苗头、北京市场（特征）、（企业的）**光明**前景、（教育机制）负面作用、（衬衫行业）名牌地位	社会事物的抽象特征
"具体事物" 11%	名词性词语	（宏观地貌形态）滑坡总体轮廓、（线条）浅颜色砂砾、胚芽、石头、画面、冷却板	物体的客观性特征或样态

通过以上统计数据,可以得出如下结论。

首先,在名词性搭配词语和主导语义趋向上,"显露出"和"역력하다"显示出了极大的不同。"显露出"的描述对象在语境中表现为名词和名词性短语,主要分属三个语义集合。

第一个集合表示社会性抽象事物的问题、特征,占比 48%,如"(社会、历时发展)本质关系、动因、(生产关系)秘密、(基层社区生活)社会性、(劳动关系、商法通则行规范)弊端、(国家权力、政策)公共性、(立法规定)缺憾、(获得性状遗传)不合理性、(系统框架)实践意义、(人口与社会、资源、环境)矛盾"。

第二个集合表示人的能力、样貌,占比41%,例如"兴趣、表演才华、音乐天赋、杂技水平、惊人之举、幽默素质、商业头脑、情绪、管理才能、气魄"。

第三个集合表示物体的客观性样态或特征,占比11%,例如"(宏观地貌形态)滑坡总体轮廓、(线条)浅颜色砂砾、胚芽"。例如:

81)我国缺少商法通则性规范的弊端已经逐渐显露出来。

82)在幼儿园里,杨钰莹就早早地显露出自己的音乐天赋。

83)组成这些图案的线条是去掉表面深色土层后显露出来的浅颜色沙砾。

例81)～83)中的"弊端、音乐天赋、浅颜色沙砾"即体现了"社会性抽象事物、人的能力、具体物体特征"三种被描述对象。与此形成对照的是,"역력하다"有79%的描述对象表示人的心理、情绪,仅有21%的描述对象表示社会特征、氛围或物体的客观样态。

第二,语境中的形容词性搭配词语(表4-5加粗部分)极少,主要用于修饰节点单位的"描述对象"。例如:

84)人们把小牛牵走了,老牛便显露出很悲伤的样子。

85)石油界人士的预言似乎已经被验证了,连格蒂本人也显露出焦躁不安的情绪。

86)他的话语时时显露出那种朦朦胧胧的自卑感。

例84)～86)中的"悲伤、焦躁不安、朦朦胧胧"修饰"样子、情绪、自卑感"。但此类修饰性成分很少,在作为考察对象的100个索引行中只占19%,这与AntConc的分析结果基本一致。与此相反,"역력하다"中主要由形容词、动词构成的定中结构却达到90%以上,多表达了人的消极心理情绪,直接决定了节点词的语义韵特征。

第三,在语义韵上,二者的区别也显而易见。在"역력하다"的索引行中,表示人的消极心理情绪以及消极社会氛围特征的比重高达79%,其中人的消极心理情绪占61%,消极社会氛围或特征占18%。而"显露出"的积极、消极及中性语义韵占比分别为41%、41%、18%,尽管积极和消极语义韵倾向在数量上显示出了平衡性,但是二者在"人"和"社会性抽象事物"两大语义阵营中的比重极不平衡。在"人"这一阵营中(41%),表达"人的能力高或样貌美好"的积极语

义韵特征占比32%,而在"社会性抽象事物"这一阵营中(48%),显现"消极社会性问题、特征"的索引行占据了大多数(32%)。例如:

87) 在幼儿园里,杨钰莹就早早地显露出自己的音乐天赋。

88) 石油界人士的预言似乎已经被验证了,连格蒂本人也显露出<u>焦躁不安的情绪</u>。

89) 上身有些左倾,胯部又向右突,动作协调,既保持平衡,又显露出<u>女性化的优美身段</u>。

例87)～89)分别展示了"人的能力高、消极心理情绪"和"人的样貌美好"三个与"人"相关的语义韵。

又如:

90) 劳动关系在实践中显露出以下明显的<u>弊端</u>:……

91) 教会和王权的统治受到了冲击,在中世纪黑沉沉的夜晚,开始显露出<u>个性解放的曙光</u>。

92) 此时的上海基层社区生活离行政管理体系的影响越来越远,并日趋显露出它的<u>社会性</u>……

例90)～92)包含了"消极社会性问题(32%)、良性社会性氛围(9%)、中性客观性社会氛围(7%)"三个与"社会"有关的语义韵。

再如:

93) 组成这些图案的线条是去掉表面深色土层后显露出来的<u>浅颜色沙砾</u>……

94) 两片子叶是合并着的,不久,子叶分开,<u>黄白色的胚芽</u>显露出来。

例93)～94)中的"浅颜色沙砾、黄白色的胚芽"是具体的物体特征,显示了"物体"阵营中"客观描述物体特征"的中性语义韵(18%)。

根据语义集合"人、社会性抽象事物、具体事物"的不同,"显露出"包含三个语义韵,如表4-6所示。

表4-6　"显露出"的语义韵

名词性搭配词语	语义韵	比例
人(41%)	【积极:人的能力高或相貌美好】	32%
	【消极:人的样貌不美或心理情绪消极】	9%

续表

名词性搭配词语	语义韵	比例
社会性抽象事物 （48%）	【消极:社会或集体表现出问题性特征或消极氛围】	32%
	【积极:社会或集体表现出良性特征或氛围】	9%
	【中性:客观描述社会或集体氛围】	7%
具体事物(11%)	【中性:客观描述物体的样态特征】	11%

根据语义韵特征,"역력하다"和"显露出"属于部分穿插式翻译对等单位,不能判定为严格意义上的翻译对等单位。

4.1.2 "清晰可见"的语义韵

4.1.2.1 "清晰可见"的高频共现词考察

本书在 BCC 语料库中共检索到 1 673 个结果,将检索结果导入 AntCont,根据频率和 MI 值得到"清晰可见"的高频共现词,详情见表 4-7。

表 4-7　"清晰可见"在 BCC 语料库中的高频共现词语

Freq	Freq（L）	Freq（R）	MI 值	Collocate
1 691	0	0	−1	清晰可见
85	85	0	4.660 29	依然
56	55	1	4.378 01	仍
49	48	1	3.322	也
21	21	0	4.431 12	仍然
20	19	1	3.360 37	血管
19	19	0	3.908 22	痕迹
16	16	0	4.697 77	依旧
14	14	0	3.665 59	轮廓
12	12	0	4.623 77	纹路
12	12	0	4.071 23	字迹
7	7	0	3.945 69	脉络
6	5	1	4.530 66	骨骼
6	6	0	4.071 23	青筋
6	6	0	4.071 23	质地

续表

Freq	Freq（L）	Freq（R）	MI 值	Collocate
5	4	1	4.097 7	肉眼

观察表 4-7 中的高频共现词,发现这些共现词主要分属两类语义集合。

第一类是"依然、仍、仍然、依旧"等表示持续状态的时间副词,第二类是"血管、痕迹、轮廓、纹路、字迹、脉络、骨骼、青筋"等表示事物或事物模样的名词。这与"역력하다"搭配词主导语义趋向中的"事物的客观特征或外部样貌"(10%)具有部分一致性。因此,初步判断二者的语义韵存在较大差异。具体语境如表 4-8 所示。

表 4-8 "清晰可见"的扩展语境

火焰山惊现汉人干尸尸体完整,**血管**	清晰可见	。
几十个世纪后出土发现泥版上的**字迹依然**	清晰可见	。
他们图谋"推卸责任"的**脉络**清晰可见	清晰可见	。
只见鲨鱼宝宝的**胚胎**、**骨骼**	清晰可见	。
……"砰"的一声落在扶椅上,额上突起的**青筋**	清晰可见	。

为进一步确定"清晰可见"的语义韵,本书从 1 673 个索引行中随机抽取100 个,观察节点单位在共选型式上的特点。

4.1.2.2 "清晰可见"的扩展意义单位分析

本书从 1 673 个索引行中随机抽取 100 个,作为本小节的分析对象。观察"清晰可见"的扩展语境,发现"清晰可见"的类联接形式十分简单,99%的索引行为主谓结构,例如"房子的正面清晰可见、痕迹清晰可见"。索引行中仅有一例为动宾结构,"清晰可见 9 道拱门"。这两类类联接形式构成没有对扩展语境中的语义韵产生显著影响,因此,本小节主要在类联接结构框架下分析节点单位的搭配词语,归纳搭配词语的语义选择趋向。

在搭配词语的分类上,本书仍以节点单位描述对象的意义范畴为分类标准。在索引行中,"清晰可见"描述对象的意义范畴共有三类,分别为"一般事物、抽象事物、脸部神情"。例如:

95) 当登上山顶后,山峦清晰可见,白云却在我们的脚下,人如同在雾里一般。

96）总记得那些<u>我们在一起的时光</u>,那些<u>记忆</u>依然清晰可见。

97）他阴冷冷地走近,眼中的<u>不悦</u>清晰可见。

例95）～97)中的"山峦""记忆"和"不悦"分别表示"一般事物""抽象事物"和"脸部神情"。本书按照这三个类别对搭配词语进行分类,详情见表4-9。

表 4-9 "清晰可见"的搭配词语和主导语义趋向

	搭配词语	主导语义趋向
一般事物 82%	血管、飞碟外形、骨头、痕迹、老房子、老年斑、痔、耳洞、布料质地、拱门、牙齿、标记、沟壑、表面、正面、字迹、莫斯科、脚、五官、呼吸、黑烟、小艇、外貌特征、脉络、空间特色、高架桥、遗址、海岸线、字迹、坑、裂缝、内容、字样、指痕、床、蒸汽、牙齿、青筋、汗珠、枝叶、落款、皱纹、景物、脸、血丝、戒指、彩虹、相貌、光芒、镜架、小水圈、灯塔、轮廓、轮印	一般事物或事物的特征
抽象事物 10%	记忆、爱恋、那一幕、时光、脚印(比喻义)、10年前的自己、过去的一年	过去的回忆
脸部神情 8%	(淫味十足的)笑容、欲念、不悦、情愫、怒气、不屑、苦笑	消极心理情绪在外部的表露

索引证据显示,"清晰可见"的语义韵主要受到节点单位左侧搭配词语的影响。"清晰可见"的左侧搭配词语主要分为三类。

第一类表示一般事物或事物的特征,例如"血管、痕迹、老房子、拱门、牙齿、标记、沟壑、字迹、脚、五官、黑烟、小艇、脉络、海岸线、字迹、坑、裂缝、指痕、床、蒸汽、牙齿、青筋、血丝、灯塔、空间特色",这类词语所占的比例极大(80％以上)。包含这类词语的句子客观描绘了事物十分清晰、分明的样子,"清晰可见"在此类句中属于中性语义韵。例如:

98）举目远眺,<u>东海海岸线</u>、<u>崇明岛</u>清晰可见。

99）由于保存时间较长,纸张已有些发黄,但<u>字迹</u>清晰可见。

100）豆大的<u>汗珠</u>在他的上嘴唇已清晰可见。

例98）～100)客观描绘了"海岸线、崇明岛、字迹、汗珠"清晰的模样,并未体现出话者或语境中人物明显的态度意义。

第二类抽象事物主要表示"过去的回忆",例如"记忆、那一幕、时光、过去的一年"。这类词语在语境中频繁吸引"依然、依旧"等时间副词,和节点单位一起表达了话者对过往岁月的感慨之情。例如:

101）结局的尘封使我迷途,<u>六年的时光</u>是那么清晰可见,谢谢我们都相互间深爱过……

102）多年后逛一次南通城,发现<u>记忆</u>还是那么清晰可见,我不是喜欢怀旧的人,却不凑巧的最会记住那……

103）<u>两年前的自己</u>,甚至<u>十年前的自己</u>就如昨日般清晰可见。

104）那片山中,我们<u>一起追逐的脚印</u>依旧清晰可见。

例101）～104)中,"六年的时光是那么清晰可见、记忆还是那么清晰可见、十年前的自己就如昨日般清晰可见、追逐的脚印清晰可见"分别表达了话者对"过往的6年、南通城、过去的自己、山中岁月"的怀念之情。这种"怀念之情"可看作一种积极的心理情绪。这一语义韵特征与"역력하다"不一致,但是与"历历在目"的语义韵一致。不同的是,"历历在目"表达"感慨、难以忘记"语义韵的索引行占80％,"清晰可见"的相关索引行只占10％。

第三类表示脸部神情的词语主要表达了消极心理、情绪,例如"不悦、怒气、不屑、苦笑"。例如:

105）即使在黑暗中,他脸上的<u>苦笑</u>依然清晰可见。

106）他阴冷冷地走近,眼中的<u>不悦</u>清晰可见。

107）一丝淫味十足的<u>笑容</u>在他的脸上清晰可见。

例105）～106)中的"苦笑、不悦"均表示消极心理情绪。也有部分词语表示积极心理情绪的外在表露,这类词语在随机抽取的100个索引行中只有1个。如例107)中的搭配词"笑容",但是察看语境,发现笑容前面附加了修饰语"一丝淫味十足的",表达了语境中人物"他"的邪恶心理。总体来说,这一类搭配词语的主导语义趋向为"消极心理、情绪在外部的表露"。这与"역력하다"表示消极心理、情绪的语义趋向一致。不同的是,"역력하다"的索引行中包含这类词语的比例高达79％,而"清晰可见"只有8％。

综上所述,"清晰可见"共包含三个语义韵,如表4-10所示。

表4-10 "清晰可见"的语义韵

语义韵特征	比例
【中性:客观描述事物十分清晰、分明的样子。】	82％
【积极:感慨,难以忘记。】	10％
【消极:消极心理、情绪、态度十分明显。】	8％

节点单位的左侧搭配词语以及语义聚合特征对语义韵具有关键性作用。"清晰可见"和"역력하다"在第一和第三个语义韵上显示出一致性,但是二者在两个语义韵上所占的比例不同,二者属于部分翻译对等单位。

4.1.3 "明显(地)流露出"的语义韵

本书在 CCL 和 BCC 语料库中以"明显(地)流露出"为节点单位共检索到58 个索引行。通过对扩展语境的观察,发现节点单位右侧的搭配词语通常包含了蕴含话者态度意义的词或短语,例如"不耐烦的表情、厌恶的神色"。这些词语从语义选择趋向上看表示"人的心理或情绪",从极性上来看具有消极和积极心理情绪之分。根据搭配词语的极性分类,节点单位的搭配词语和语义选择趋向可归纳如表 4-11。

表 4-11 "明显(地)流露出"的搭配词语和语义选择趋向

分类	搭配词语	语义选择趋向
消极 74%	无限惆怅、恐惧和惊愕的神色、无可奈何的心情、受到了威吓的不安、对于……的轻蔑、疲态、对……的憎恶、瞧不起劳动人民的意识、冷冰冰的表情、恼怒、迷茫和失望情绪、对……的鄙夷、不情愿、偏颇、瞧不起人的调子、惊讶之色、敌意、阴郁、颓伤的情绪、不耐烦的神色、厌恶的表情、不高兴、惊慌不安的表情、疑惑之光、退缩之意、对……的反感、恐怖的神色、恐怖的表情、惊诧与失望、满腔怒火、焦躁与烦怨、决然相反的感情、要同……算账的神情、厌恶之情、悲苦和恐怖的神情	消极心理情绪
积极 26%	对祖辈的崇拜、深刻的理解、骄傲与喜悦的神色、外部积极情绪、对……的依赖和依恋、恍然大悟的神情、很高的热忱、诚挚的兴趣、关心、暧昧的温情、满意的心情、喜悦的心情、情人般的押呢、好感	积极心理情绪

如表 4-11 所示,有 74% 的搭配词语表达了消极心理情绪或态度意义,如"惆怅、恐惧、惊愕、鄙夷、轻蔑、憎恶、瞧不起、憎恶、不高兴、反感、疑惑、惊慌不安、悲苦"。例如:

108)他不由得倒退了两步,双眼里明显地流露出惊诧与失望!

109)他的话音里明显流露出他那无可奈何的心情。

110)她的言词中明显流露出对于威风扫地的假王的轻蔑,是一种伪装得十分天真的轻蔑。

例 108)中,"惊诧与失望"体现了"他"在目睹孩子越演越烈的反叛行为时的失望情绪。例109)中,"无可奈何的心情"表达了对句中人物始终没有掌握喂马技巧的无奈。例110)中,"轻蔑"表达了对"假王"威风扫地的不屑和轻视。这些搭配词语与节点单位一起形成一个语义韵特征,即"消极心理情绪明显",占比74%。

剩余26%的搭配词语则表达了积极心理情绪或态度意义,如"依恋、热忱、关心、满意、喜悦、好感"。例如:

111) 她在与我的夫人交谈时,总是很和蔼可亲,对我们的孩子及私事也明显地流露出诚挚的兴趣。

112) ……对家族叙事模式的执着明显流露出对祖辈的崇拜。

113) 托比转过脸看看吉尔,眼睛里流露出明显的敬慕神情。

例111)中,"诚挚的兴趣"体现了"她"对我及家人的关心之情。例112)中,"对祖辈的崇拜"是莫言在小说作品中表达的情感态度。例113)中,"敬慕"表达了托比对吉尔的尊敬与羡慕之情。这些搭配词语与节点单位一起形成另一个语义韵,即"积极心理情绪明显",占比26%。

"明显(地)流露出"具有十分清晰的语义聚合特征,语义韵也很集中,没有复杂的功能性分支。详情请见表4-12。

表4-12 "明显(地)流露出"的语义韵

语义韵	比例
【消极:消极心理情绪十分明显】	74%
【积极:积极心理情绪十分明显】	26%

据上述分析,"明显(地)流露出"与"역력하다"在"消极、积极心理情绪明显"这一语义韵上具有一致性,在"社会积极、消极氛围明显"和"事物客观特征明显"上不一致。因此,二者可视为部分一致翻译对等单位。扩大的节点单位具有更加明确的态度意义,"明显(地)流露出"比"明显"或"流露出"两个相对独立的节点单位具备更加鲜明的态度意义。

4.1.4 "明显显得"的语义韵

本小节以"明显显得"为节点单位检索,仅得到22个索引行。索引行显示,节点单位的类联接形式主要为主谓结构,如"美女队棋手明显显得后劲不足",这一类联接形式构成对语义韵的形成没有产生显著影响。

观察节点单位的左右搭配词语,发现左侧搭配词语主要是节点单位的描述对象,这些词语分为三类。第一类是社会性抽象事物,例如"金融法律体系、学位授权学科专业点、90 年代的经济发展"。第二类是人或群体,例如"中国队、国奥队队员、拉宾和阿拉法特"。第三类是具体事物,如"街区、建筑"。本书按照左侧搭配词语的特征进行分类。搭配词语的语义选择趋向可列表 4-13 如下。

表 4-13　"明显显得"的搭配词语和主导语义趋向

分类		搭配词语	主导语义趋向
社会性抽象事物 41%	左侧描述对象	装潢行业、社会吸纳机制、论述、崇尚"军礼"的特征、金融法律体系、学位授权学科专业点、90 年代的经济发展、债券品种、政策	社会性抽象事物
	右侧搭配词语	力量不足、弹性不足、晦涩、不合时宜、不够健全、过于分散、后劲不足、少而单一、底气不足、粗糙	不足、有缺陷
人或群体 41%	左侧描述对象	中国队、国奥队队员、美女队骑手、篮球队、拉宾和阿拉法特、上海西洋大鲨鱼队、韩国队、民营企业、华为	人或群体
	右侧搭配词语	紧张、疲惫、稚嫩、后劲不足、亲切、底气不足、底气十足	不足、状态不佳 32%
			能力足、状态佳 9%
具体事物 18%	左侧描述对象	照度、大腿后群肌肉、街道、建筑标志	具体事物
	右侧搭配词语	力量小、不够、太小、不大气	不足、有缺陷

经考察,"明显显得"的扩展语境有如下特点。

首先,从主导语义趋向上看,节点单位的左侧描述对象主要分为三个语义集合。

第一类表示社会性抽象事物,例如"装潢行业、社会吸纳机制、金融法律体系、学位授权学科专业点、债券品种"。此类索引行的右侧搭配词语具有显著的语义聚合特征,即表示消极语义——不足、有缺陷,如"后劲不足、晦涩、不够健全、不合时宜"。具体语境如下。

114) 相比之下,我国<u>债券品种</u>明显显得<u>有些少而单一</u>,因此有必要根据投资市场需求,适当增加一些新的债券。

115）我国调控和规范金融市场所必需的金融法律体系还明显显得不够健全。

例114)中的"少而单一"表明了"我国债券品种"存在不足之处,例115)中的"不够健全"表明了"金融法律体系"存在缺陷。这些搭配词语与节点单位一起形成一个语义韵,即"消极:社会性产物明显存在缺陷、不足",占比41%。

第二类表示人或群体,例如"篮球队、中国队、国奥队队员、美女队骑手"。此类索引行的右侧搭配词语具有两个显著的语义聚合特征。一个是表达"不足、状态不佳"的消极语义(32%),例如"紧张、疲惫、底气不足";一个是表达"状态佳"的积极语义(9%),例如"亲切、底气十足"。表达积极语义的搭配词语在全部索引行中只有2例。例如:

116）在4位世界冠军深厚的功力面前,美女队棋手明显显得后劲不足。

117）中国国奥队队员明显显得疲惫,一周之前,他们打了3场热身赛。

118）再投100亿,华为在这场硬仗上明显显得底气十足。

例116)中的"后劲不足"表明"美女队棋手"在下棋功力上存在不足。例117)中的"疲惫"表明"中国国奥队队员"在赛中的状态明显不佳。例118)中的"底气十足"表明"华为"在面对美国恶意制裁时的状态极佳,且表现出很强的应对能力。这些搭配词语与节点单位一起形成两个语义韵,即"消极:人或群体能力不足、状态不佳"和"积极:人或群体能力足、状态佳",分别占比32%、9%。

第三类表示具体事物,例如"大腿后群肌肉、街道"。此类索引行的右侧搭配词语具有鲜明的消极语义特征,即"不足、有缺陷",例如"力量小、不够、太小、不大气"。具体语境如下。

119）随着偃师强劲发展,楼房越建越高,偃化口处偃师的建筑标志明显显得太小,不大气。

120）那么作为大腿后群肌肉相对于四头就明显显得力量小。

例119)、120)中的"太小、不大气""力量小"分别表明了"偃师的建筑标志"和"大腿后群肌肉"存在不足、有缺陷。这些搭配词语与节点单位形成态度鲜明的语义韵,即"消极:具体事物明显存在缺陷、不足",占比18%。

据以上分析,节点单位的语义韵主要受到右侧搭配词语的影响,即右侧搭配词语的消极／积极语义使得整个语境中弥漫着一种与之一致的态度意义。高达91%的消极语义韵倾向也给予听者或读者一种潜在性暗示,即节点单位"明显显得"一出现,其后便会紧接着出现表达消极态度意义的词语。"明显显得"的具体语义韵可概括如表4-14。

表4-14 "明显显得"的语义韵

语义韵		比例
消极	【消极:社会性抽象事物明显存在缺陷、不足】41%	91%
	【消极:人、群体明显存在缺陷、不足】32%	
	【消极:具体事物明显存在缺陷、不足】18%	
【积极:人或群体能力足、状态佳】		9%

综上所述,"明显显得"和"역력하다"在人或群体的语义韵特征上呈现出一致性,在社会性抽象事物、具体事物的语义韵上不一致,二者可视为部分一致翻译对等单位。

4.1.5 "역력하다"与对应短语序列的翻译对等关系

上一小节对"显露出""清晰可见""明显(地)流露出""明显显得"四个短语序列进行了扩展意义单位模型分析,分析结果显示它们的语义韵均与搭配词语的语义选择趋向具有直接关系,与类联接形式构成没有直接关系。四个短语序列的消极语义韵各占41%、8%、74%、91%,其中有两个短语序列与源语节点词"역력하다"的消极语义韵比例(79%)类似。表4-15展示了四个短语序列与源语节点词的语义韵对比结果。

表4-15 "역력하다"与对应短语序列的语义韵对比结果

	消极语义韵	积极语义韵	中性语义韵
역력하다	79%	11%	10%
显露出	41%	48%	11%
清晰可见	8%	10%	82%
明显(地)流露出	74%	26%	0
明显显得	91%	9%	0

"역력하다"与"显露出"在主导语义趋向和语义趋向范围上部分一致,二者的语义韵也最终呈现出部分一致的特征。具体来说,"显露出"在"消极心理情绪(4%)、社会性氛围(48%)、事物客观样貌特征(11%)"三个语义集合上与

"역력하다"一致。在"人的能力样貌（37％）"语义集合上与"역력하다"不一致。这同样反映了二者在语义韵上的差异。因此，"显露出"有63％的索引行可以与"역력하다"形成对译关系。例如：

121）UN 기관들과 세계은행、IMF、WTO 등이 상호조정과 공조보다는 오히려 경쟁과 갈등으로 비화할 조짐이 역력하다고도 볼 수 있는 상황이다.

122）그러고 보니 나뭇가지에 내려앉은 눈에도 투명한 푸른 빛이 역력했다.

123）김훈장 얼굴에는 불쾌한 빛이 역력했다.

上述三个例句分别代表了二者一致的三个语义韵。例121）可以译为"相比协调互助，欧盟各机构、世界银行、IMF、WTO 之间的竞争和矛盾显露出来"。例122）可以译为"如此看来，落在树枝上的雪也显露出透明的蓝光"。例123）可译为"金训长的脸上显露出不悦"。因此二者可视为"部分一致翻译对等单位"。

"역력하다"与"清晰可见"在主导语义趋向、语义趋向范围以及语义韵上部分一致。具体来说，"清晰可见"在"事物或事物特征（82％）""消极心理情绪（8％）"两个语义集合上与"역력하다"一致，在"过去的抽象事物"这一语义集合上与"역력하다"不一致。在语义韵特征上，"事物客观特征明显"的中性语义韵和"消极心理情绪明显"的消极语义韵与"역력하다"一致，"感慨、难以忘记"的积极语义韵与"역력하다"不一致。因此，"清晰可见"有90％的索引行可以与"역력하다"形成对译关系。例如：

124）먼지 한 점 내려앉지 않았으며 광택제로 정성스럽게 닦은 흔적이 역력했다.

125）그의 눈에 실망한 기색이 역력했다.

上述两个例句代表了二者一致的两个语义韵。例124）可以译为"没有一丝灰尘，用抛光剂精心擦过的痕迹清晰可见"。例125）可以译为"他眼中的失望清晰可见"。二者可以视为部分一致翻译对等单位。但是需要注意的是，"消极心理情绪明显"这一语义韵在"清晰可见"的整体语义韵中仅占8％，这与"역력하다"79％的比例相差甚远。与此相反，"事物客观特征明显"这一语义韵在"清晰可见"中占比82％，远远超出"역력하다"的13％。

"明显（地）流露出"与"역력하다"在主导语义趋向、语义趋向范围上部分一致。具体来说，"明显（地）流露出"有两个语义集合与"역력하다"一致，分别

为"消极心理情绪（74％）、积极心理情绪（26％）"。语义韵特征完全受到搭配词语语义选择倾向的影响，分别为"消极心理情绪明显（74％）、积极心理情绪明显（26％）"，这两个语义韵特征与"역력하다"重合。因此，"明显（地）流露出"可以与"역력하다"形成对译关系。例如：

126）바로 손에 넣을 수 있었던 귀중한 보석을 놓친 듯한 아쉬운 기색이 역력했다.

127）그러나 상주를 바라보는 그녀의 얼굴에는 사랑이라는 마술이 역력하게 드러나 있었다.

上述两个例句体现了二者一致的两个语义韵。例126）可以译为"他明显流露出遗憾的神情，仿佛丢失了志在必得的宝石一样"。例127）可以译为"然而，看着尚柱，她的脸上明显流露出爱的魔术"。二者可以视为部分一致翻译对等关系。但二者有相异之处，"明显（地）流露出"的搭配词语中没有"社会氛围"和"事物客观样貌特征"两个语义集合，因此语义韵特征中也没有"消极、积极社会氛围明显"和"事物的客观特征、外部样貌明显"这两个语义韵。

"明显显得"具有占比高达91％的消极语义韵，但是这91％的扩展语境并未全部表达"人"的消极心理情绪。例如"日本在90年代的经济发展明显显得后劲不足、金融法律体系还明显显得不够健全、社会吸纳机制明显显得弹性不足、我国债券品种明显显得有些少而单一"，表达了"社会性抽象事物存在缺陷、不足"这一消极态度意义（41％）。另外，"大腿后群肌肉力量小""建筑标志太小、不大气"表达了具体事物存在缺陷、不足（18％）。这两种类型在源语节点词的索引行中很难找到。还有一些索引行，例如"中国队一开场明显显得紧张、下半场开始阶段明显显得紧张、拉宾和阿拉法特这次会晤明显显得亲切"，这些索引行的主语都是"人"或与"人"有关的群体，表达了具有明显倾向性的态度意义。从这一点上来看，"明显显得"和"역력하다"在主语是生命体的扩展语境中存在翻译对等关系（41％）。也就是说，"明显显得"有41％的索引行可以与"역력하다"形成对译关系。例如：

128）그러나 유물 관리의 책임을 맡은 당국은 당황하는 기색이 역력했다.

129）경찰은 그런 민심이 확산될까 초조해하는 모습이 역력했다.

上述两个例句代表了二者一致的语义韵。例128）可以译为"但是，负责管理文物的当局明显显得惊慌失措"。例129)可译为"警察担心这种民心会扩散，明显显得很焦虑"。二者可以视为"部分一致翻译对等单位"。

表4-16呈现了四个短语序列与源语节点词"역력하다"的翻译对等关系。

表4-16 四个短语序列与"역력하다"的翻译对等关系

	主导语义趋向是否一致	语义趋向范围是否一致	语义韵是否一致	对等关系	对等率
显露出	部分一致	部分一致	部分一致	部分一致翻译对等关系	63%
清晰可见	部分一致	部分一致	部分一致	部分一致翻译对等关系	90%
明显(地)流露出	一致	部分一致	部分一致	部分一致翻译对等关系	100%
明显显得	部分一致	部分一致	部分一致	部分一致翻译对等关系	41%

4.1.6 "明显(地)流露出、明显显得"的语义韵变化

上一小节分别分析了四个短语序列的扩展意义单位，归纳了各自的语义韵特征。相比单词，短语序列的扩展意义单位维度显著缩小，这主要体现在语义韵分枝较少、共选型式构成较为简单，四个短语序列分别包含6、3、2、4个语义韵。

本小节将考察"明显(地)流露出、明显显得"相比"明显"在扩展意义单位上的变化机理以及意义移变单位的产生机理。

"共选理论"(Co-Selection)认为，构成搭配的词因高频共现而发生不同程度的语义传染和"非词语化"(Delexicalization)：它们都从词语序列中获得部分意义，同时丧失部分原有意义(陆军,吴茜,2019)。在翻译对等单位研究中，对于因多义造成的多个意义单位，可以通过短语序列调节源语或目标语单位的共选形式，使二者之间的对应关系产生质的变化，从而构成更加"相近"的对等关系。本小节以"明显(地)流露出、明显显得"两个短语序列为例，讨论短语序列对扩展意义单位的调节机理。

两个短语序列中均包含"明显"一词，本书首先通过图4-1展示"明显"和两个短语序列的语义韵，用以观察短语序列的语义韵变化。

明显

- 消极心理情绪
- 身体及相关状况不好
- 事物状况不好
- 积极心理情绪
- 身体及相关状况好
- 事物状况好
- 客观描述事物的显著性特征

明显（地）流露出

- 消极心理情绪
- 积极心理情绪

明显显得

- 社会性产物存在不足、缺陷
- 具体事物存在不足、有缺陷
- 人或群体存在不足、状态不佳
- 人或群体能力足、状态佳

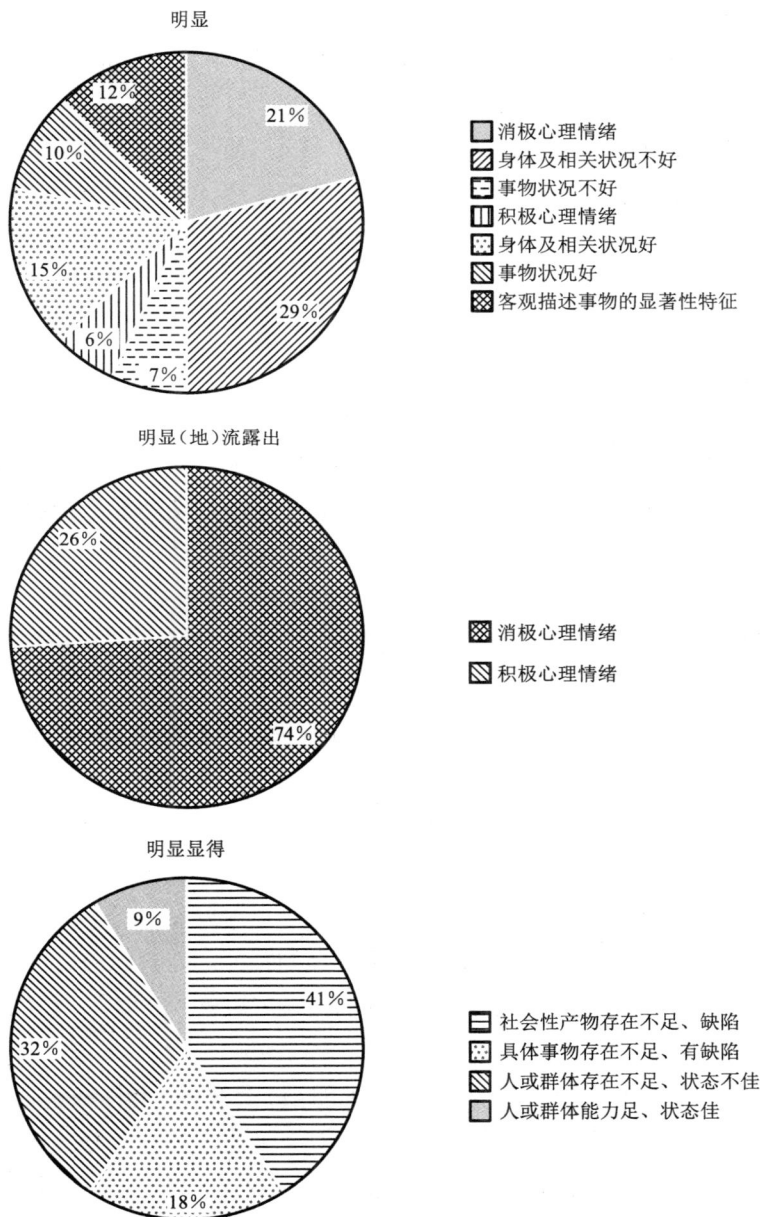

图 4-1 "明显（地）流露出、明显显得"的语义韵变化

从图 4-1 可以看出，"明显"通过增加组合词构成新的短语序列，共选型式发生了质的变化，语义韵由原来的 7 个变为了 2 个和 4 个。

具体来看,"明显"通过增加"流露出"这一结构构成新的短语序列,语义韵聚焦到"消极、积极心理情绪",丧失了"身体及相关状况不好、身体及相关状况佳、事物状况不好、事物状况佳、客观描述事物的显著性特征"等五个语义韵。造成这一变化的原因,可以通过"流露出"的扩展意义单位一探究竟。

本书以"流露出"为节点单位在 CCL 语料库中共检索到 2 452 个检索行,随机抽取 100 个例句分析扩展意义单位模型,发现有 31 个索引行体现了"消极心理情绪明显"的语义韵。例如:

130)心理不痛快,脸上流露出很不高兴的样子。

131)明亮的眸子里流露出迷茫和彷徨。

132)菲利流露出疑惑的目光,耸耸肩说:"不可能。"

例 130)~132)中的"很不高兴、迷茫和彷徨、疑惑"皆是对人消极心理情绪的描述。除此之外,有 26 个索引行表达了"积极心理情绪明显"。例如:

133)她的一双会说话的眼睛,毫不掩饰地流露出对爱情的渴望。

134)两颊的红晕,似刚喝过几口酒,流露出一种兴奋的情绪。

135)画中的芙尔曼体态丰满,肤色红润,服饰豪华,眼神流露出一种幸福乐观的表情。

例 133)~135)中的"渴望、兴奋、幸福乐观"皆是对人积极心理情绪的描述。

从上述分析看出,"明显"与"流露出"均具有表达人的消极、积极心理情绪明显的语义韵,二者组合在一起使得这一语义特征得以强化,所占比例也从原来的 27%(明显)、57%(流露出)增至 100%(明显流露出)。同时,"明显"受到"流露出"的语义传染,丧失了原有的 5 个语义韵特征。在实际语言应用中,短语序列通过不断复现形成相对稳定的固化短语(固定短语、半固定短语),形成相对稳定的语义韵特征。

"明显显得"有 4 个语义韵特征,其中占比最大的"社会性抽象事物存在不足、缺陷"在"明显"的语义韵中未有集中显现。我们推断这一语义韵在"显得"的扩展意义单位中较为明显。为证实这一推断,本小节以"显得"为节点词在 CCL 语料库中检索,共得到 24 360 条检索结果,数量极多。这一检索结果预示着"显得"可能存在多个语义韵。

根据研究目的,统计"社会性抽象事物存在不足、缺陷"这一语义韵特征在

索引行中的存在比例是重点。为此,本书随机抽取"显得"的100个例句,发现有35个例句体现了上述语义韵特征。例如:

136）金融品种显得<u>匮乏</u>,没有充分发挥出虚拟经济对实体经济的促进作用。

137）整个社会的宏观流动性却可能显得<u>不足</u>。

138）相比其他学科,国际金融学还显得<u>年轻和不够成熟</u>。

例136)～138)中的"金融品种显得匮乏、宏观流动性却可能显得不足、国际金融学还显得年轻和不够成熟"都显现了"社会性抽象事物存在不足、缺陷"这一语义韵。这一结果证实了前文的推断,即"明显"受到"显得"的语义韵影响,二者组合而成的短语序列形成了新的意义移变单位。

根据以上分析,可得出以下结论。

第一,短语序列作为扩大的节点单位,可以通过组合词之间的语义渲染,改变原本单个词在语境中的共选型式,促使意义单位发生质的变化。这些变化具体体现在三个方面:简化意义单位的共选型式特征、减少语义韵的数量、增加新的意义移变单位。

第二,短语序列作为扩大的对应单位,可以与源语节点词形成翻译对等关系,并且相对对等词而言,短语序列的对应形式更加多样化,对等率显著提高。

4.2 "역력하다"的可译单位分析

"可译单位"是指不具备节点单位的核心意义,但在译文中可以准确传达节点单位全部或部分语义韵的对应单位。例如:

139）原文:실제로 내용을 들여다보면 학교가 고심한 흔적이 <u>역력하다</u>.

译文:实际上从内容来看,不难看出学校的担忧。

140）原文:이들의 표정에는 이틀 만에 합의안을 끌어냈다는 안도감보다는 앞으로 닥쳐올 고난에 대한 비장감이 더 <u>역력했다</u>.

译文:他们的脸上写满了今后将遭遇苦难的悲壮表情,而不是两天之内就制定出了议案的轻松感。

141）原文:그러나 힘주어 말하는 말투와 반대로 그 표정에는 '우리는 언제 이렇게 살아보나' 라며 미숙을 부러워하는 모습이 <u>역력했다</u>.

译文:但与强调的语气不同,他的表情则是"我们到底什么时候才能这样生活"，难掩对美淑的羡慕之情。

上面 3 个句对中，"역력하다"翻译成了与其完全不具备对应关系表征的 3 个对应单位，分别为"不难看出、写满"和"难掩"。这里的对应关系表征指的是"清楚"义词义，"역력하다"的翻译对等词和短语序列需要具备"清楚"义词义。但是，从本族语者的角度来看，这 3 个译文不管从搭配的形式特征上还是形式与意义的结合特征上都找不出问题，符合"达"[①] 的翻译要求，用的是"意译"[②] 方法。

研究可译单位不需要考察可译单位在整个语言世界的整体特征，只需要验证可译单位与源语单位之间的可译关系具有"非偶然性"即可。例如，例 139）中的目标语"不难看出政府的担忧"可以正确传达源语的意义，但是通过词典释义和扩展意义单位分析，"不难看出"与"역력하다"并不具备翻译对等关系。本书对 1 000 个索引行进行粗略的人工分析，发现有 21 个索引行中的"不难看出"能够与"역력하다"构成可译关系，这与全部 4 640 个检索结果相比（CCL：1 157、BCC：3 483），可谓数量极少，因此难以沿用翻译对等词和短语序列的研究方法进行可译单位的研究。本章将分别具体考察论证"不难看出""写满""难掩"与"역력하다"的可译关系。

4.2.1 "不难看出"与"역력하다"的可译关系

"可译单位"没有明确的观察、分析和解释路径，只能依靠本族语者的语言经验。本书以"扩展意义单位"为分析模型，考察"可译单位"的对等形式。

以"不难看出"为检索单位，本书从 CCL 语料库中共检索到 1 157 个索引行。随机抽取 100 个索引行作为分析对象，发现"不难看出"与"역력하다"在语境中的结构特征明显不同。"不难看出"常位于句子开头，后面连接表示话者观点的谓词性宾语。例如：

142）不难看出，他们认为二者并不是一回事。

143）不难看出，上述假设条件只有在人数非常少的群体中才有可能实现。

---

① 严复在"译例言"中提出："译事三难：信、达、雅"，"达"指不拘泥于原文形式，译文通顺明白。

② 现代翻译理论中的"意译"（Free Translation）指只忠实原文内容，不拘泥原文结构形式与修辞手法的翻译方法。

在一些索引行中,"不难看出"后面连接体词性宾语。例如:

144)在马歇尔的判决中,不难看出<u>汉密尔顿的理论影子</u>。

145)说这话时,不难看出<u>他的焦急心情</u>。

上述两个类联接形式是"不难看出"最明显的语法结构共选型式。

从语义和功能上来说,很难从索引行中归纳出显著的语义选择趋向和语义韵特征。在索引行中,有描绘人的性格特征,表达赞扬、欣赏等积极语义韵的搭配序列。例如:

146)不难看出,<u>镇定</u>、<u>沉着</u>、<u>大智大勇</u>是努尔哈赤身临险境时的一项宝贵的修养。

147)不难看出,当时的他不但<u>工作热情高</u>,<u>而且很愿意同青年学生们交往</u>。

也有描绘人或事物的状态、表达消极语义韵的搭配序列。例如:

148)……不难看出,谷歌在中国市场仍然<u>困境重重</u>。

149)……不难看出,胡适对当年宋子文的印象就已<u>不好</u>,胡适根本<u>看不起宋子文</u>。

索引行中最常见的是描述事物特点、表达中性语义韵的搭配序列。例如:

150)从上述定义不难看出,<u>教育</u>、<u>医疗</u>、<u>艺术</u>、<u>宗教</u>、<u>科学技术</u>等非营利组织是文化集散地。

151)客观评价 A、B 股走势,不难看出 <u>B 股大盘很明显弱于 A 股</u>。

这些以"不难看出"为中心的扩展语境传递出了一个相同的功能性特征,即"归纳事物的内涵性特征"。这是一个极为宽泛的特征,我们从这一特征中无法得出"不难看出"与源语节点词的可译关系及可译比例。

可见单纯依靠扩展意义单位分析难以验证"不难看出"和"역력하다"之间的可译关系。二者不管从语义韵的整体特征上,还是从扩展意义单位的其他分析维度上,都没有显著的一致性,仅在小范围索引行中具有一致性,本书把这类可译单位命名为"低配型可译单位"。

因此,如何找出分散在"语料沙滩"上的有用"贝壳"(证明可译关系的典型性索引行)是首要的一步。这就要利用源语单位在搭配词和类联接上的典型特征,编写检索式进行探索式寻找。在这个过程中我们需要明确一个检索目的:可译单位的检索目的是尽可能多地搜索典型性索引行,而不是穷尽式搜索。另外需要明确的一点是：用于检索的大型语料库必须为标注语料库，CCL 语料库为非标注语料库，所以本小节以 BCC 语料库为检索语料库。

检索典型性索引行之前，先要回顾"역력하다"的语义韵以及影响语义韵形成的关键因素。"역력하다"有三个语义韵，分别为"人的消极心理情绪或社会的消极氛围明显、人的积极心理情绪或社会积极氛围明显、事物的客观特征或外部样貌明显"。最为重要的一点，"역력하다"的语义韵主要受到搭配词的影响，与类联接形式特征没有直接关系。上文中提到的"源语单位的典型性特征"在这里指的就是搭配词的特征。检索语料时用到的检索式，需要参考"역력하다"的高频搭配词及"不难看出"的句法结构。表 4-17 是本书根据上述两点编写的检索式。

表 4-17 "不难看出"的检索式

左侧检索式		右侧检索式	
表情(*)不难看出 [1]	神情(*)不难看出	不难看出 * 表情	不难看出 * 氛围
神色(*)不难看出	脸上(*)不难看出	不难看出 * 情绪	不难看出 * 之色
眼睛(*)不难看出	迹象(*)不难看出	不难看出 * 心情	不难看出 * 心
眼神(*)不难看出	目光(*)不难看出	不难看出 * 紧张	不难看出 * 充满
眼中(*)不难看出	声音(*)不难看出	不难看出 * 痕迹	不难看出 * [失望 厌恶
	样子(*)不难看出	不难看出 * [气氛 氛	疲惫 迷茫 慌张 不满
	征兆(*)不难看出	围] [2]	紧张]

以上仅罗列出了部分检索式，其中左侧和右侧的检索词完全参照了"역력하다"的高频搭配词，例如"表情"对应"표정"，"神色、神情"对应"기색"，"眼睛、眼中、目光"对应"눈치、빛"，"迹象、征兆"对应"흔적、조짐、티、자취"，"气氛、氛围"对应"분위기"，"色"对应"빛"，"失望、厌恶、疲惫、慌张"等形容词分别对应"실망하다、싫다、지친다、피곤하다、당황하다"等高频搭配词。另外，左侧和右侧检索式还参照了"不难看出"的类联接形式，下面例 152)、153)分别代

---

① 此处的星号(*)代表任意字符，"表情 * 不难看出"检索的是"表情"和"不难看出"之间加任意字符的语料，例如"从他的表情也不难看出"。为节省纸面，"表情不难看出"和"表情 * 不难看出"缩写为"表情(*)不难看出"，实际检索时需分别检索。

② 此处的 [] 表示"或者"，括号内是多个词串，用空格隔离。

表了以"不难看出"为节点单位的两种典型类联接。

152）回顾中国 14—19 世纪的历史，我们不难看出，中国的明代时期是地球上"区域史"开始走向"世界史"的关键时期。

153）从关瑾之冷漠僵硬的脸庞上不难看出她对人性的失望与不平。

例 152）是节点单位后连接谓词性宾语，例 153）是节点单位后连接体词性宾语。

同时参考"역력하다"的索引行，例如：

154）얼굴에 실망의 빛이 역력했다．

例 154）是以"역력하다"为节点词的典型结构，译为"脸上不难看出失望的神情"或者"从脸上不难看出，他很失望"。"从……不难看出"是一个十分常见的典型结构，中间可以添加"脸庞、脸上、神情、表情"等名词，这与"역력하다"扩展语境中的"얼굴、기색、표정"相对应。也就是说，"表情、目光、神情、脸上、脸庞、眼中"等名词和方位短语既可以位于节点单位的左侧，也可以位于右侧，而"失望、慌张、厌恶、不满、兴奋"等形容词只能位于节点单位的右侧。

运用上述检索式在 BCC 语料库中进行不完全检索，共得到 54 个符合要求的索引行。"不难看出"的检索式完全依照源语单位的搭配词和语义选择趋向编写，所以再对检索行进行扩展意义单位模型分析没有意义。进一步证实"不难看出"和"역력하다"的可译关系至关重要。本书尝试运用"回译法"进行验证。

回译是把被译写成另一种文字的内容再转译成原文的表述，按照葛传椝（1984）的说法，回译就是把甲种语言译成乙种语言后，再把译文译成甲种语言。本书所用"回译法"包括三个步骤。

首先依据源语单位的扩展意义单位特征编写检索式，检索符合条件的汉语语料。

第二，把检索语料重新翻译成含有源语节点单位的译文，并要符合源语表达规范。

第三，把"回译"的译文呈现给本族语者，验证译文的准确性。

图 4-2、图 4-3 呈现了经典"回译法"和本书"回译法"的异同点。

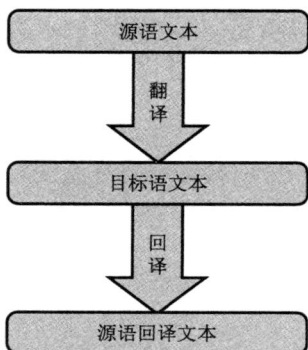

图 4-2　经典回译流程图

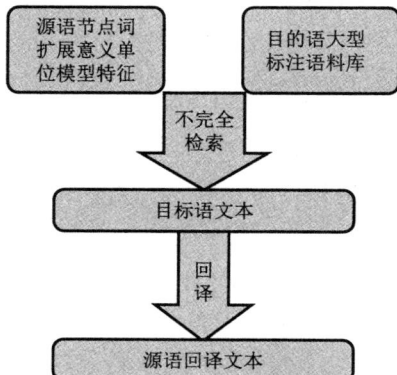

图 4-3　可译单位的回译验证法流程图

下面,本书从"不难看出"的 48 个典型性索引行中随机选择 10 个,按照"역력하다"的搭配和类联接形式特征进行"回译"。以下是"回译"的原文及译文。

155) 原文:从关瑾之冷漠僵硬的脸庞上不难看出她对人性的失望与不平。

译文:냉담하리만치 굳은 관근지의 표정에는 인성에 대한 실망과 불평의 빛이 역력했다.

156) 原文:她有些好奇地看着眼前的云岁寒,不难看出她脸上充满困惑。

译文:눈앞의 운세한을 신기하게 바라보는 그녀의 얼굴에는 곤혹스러워하는 기색이 역력했다.

157) 原文:他的目光冷峻如冰,毫无一丝表情,不难看出他有愠恼之色。

译文:표정없이 얼어붙은 그의 눈에는 불쾌한 빛이 역력했다.

158) 原文:不难看出,许多乘客工作了一天,面有倦色。

译文:하루 종일 일에 바쁜 많은 승객들의 얼굴에는 지친 기색이 역력했다.

159) 原文:从村长的谈吐神情中不难看出他的兴奋与自豪。

译文:촌장의 말투와 표정에는 그의 흥분과 자부심이 역력하게 드러나 있었다.

160) 原文:这是《中国当代企业家名典》中对周志浩的一段描述,从中不难看出他思想形成的一些轨迹。

译文:이것은 < 중국 당대 사업가 명전 > 중의 주지호에 대한 한 단락의 묘사인데 여기에서 그의 사상이 형성된 발자취를 역력하게 보여주고 있다.

161）原文：但从李开复任职期间的一系列事件<u>不难看出</u>，谷歌在中国市场仍然困境重重。

译文：하지만 이개복의 임기 기간 동안 일련의 사건들로 보면 Google 이 중국 시장에서 여전히 난항을 거듭하고 있는 분위기가 <u>역력하</u> .

162）原文：从他凝视棋盘托腮沉思的神情中<u>不难看出</u>，他在大赛前的紧张与认真。

译文：손으로 턱을 고이고 바둑판을 응시하고 있는 그의 모습에는 경기 전의 긴장과 진지한 기색이 <u>역력하게 드러나 있었다</u> .

163）原文：还未经修片的现场花絮中，<u>不难看出</u>岁月在这位意大利美人身上留下的痕迹。

译文：수정을 거치지 않은 비하인드 장면에는 이 이탈리아 미인 몸에 남아 있는 세월의 흔적이 <u>역력하게</u> 나타났다 .

164）原文：从作文题目<u>不难看出</u>，这位老师对应试教育义愤填膺、反感至极。

译文：작문 제목에서 이 선생님의 시험맞춤형 교육에 대한 하늘을 찌를 듯한 분노와 극도의 혐오감이 <u>역력하게</u> 나타났다 .

最后，把译文分别交给 3 位本族语者进行"可译关系"评价，3 人均给出了"回译文本无误，二者可视为可译关系"的评价。

4.2.2 "写满"与"역력하다"的可译关系

以同样的方式考察"写满"的扩展语境可知，"写满"与"역력하다"在整体语义韵上的重合程度很低，仅凭 100 个索引行难以确定二者的可译关系。可见，"写满"亦属"低配型可译单位"。

在 BBC 语料库中检索"写满"这一短语序列，共得到 2 640 个检索行，多数表达了"写"的基本意义，即"书写"，例如"密密麻麻写满了五页纸""将没有答完的全写满了"，这显然不能与韩国语"역력하다"形成可译关系。本书需要检索的语料是像"他的脸上写满疲惫"等表示人的心理情绪或社会氛围的索引行。那么，根据上述可译单位的研究路径，我们需要分析源语节点词的扩展意义单位特征和目标语节点单位的形式构成特征。

观察以"写满"为节点序列的扩展语境，例如"脸上写满深深的疲惫""眼

中写满了感激之情",节点序列左侧通常会出现"脸上、面容、脸庞、眼中、眼里、表情"等表示人的五官的名词或方位短语,这与源语节点词"역력하다"左侧的"얼굴에는、눈에는"基本一致,据此可编写左侧检索式"脸上＊写满①/脸上写满、眼中＊写满/眼中写满"。节点序列右侧常出现"忧伤、疲惫、厌恶、痛苦、委屈、感激、喜悦、自豪、不认同、不满"等表示心理及情绪的词语,这与韩国语节点词的右侧搭配词也基本一致。

但是,"写满"与"不难看出"具有两个不同点。

第一,根据观察,以"写满"为节点序列且不表达基本意义"书写"的扩展语境中,几乎全都体现了与"人"相关的意义特征,与其他事物、社会、团体等不相关。

第二,几乎所有符合条件的检索行左侧都包含了"脸上、眼中"等表示身体五官的相关名词。根据这些形式特征,可只利用左侧搭配词语设定检索式。具体检索式如表 4-18 所示。

表 4-18 "写满"的检索式

左侧检索式	脸上(＊)写满②、面容(＊)写满、脸庞(＊)写满、表情(＊)写满
	眼中(＊)写满、眼里(＊)写满、眼睛(＊)写满、目光(＊)写满

用上述检索式检索,共得到 558 个检索行,从数量和比例上远远高于"不难看出"的典型性索引行。需要注意的是,本次检索并未用到节点序列右侧有实际意义的实词。本小节将随机选取 100 个索引行,分析总结"写满"右侧搭配词语的语义选择趋向,并与源语节点词的语义选择趋向进行对比分析。具体内容列表 4-19 如下。

---

① "脸上＊写满"检索的是"脸上"和"写满"之间有任意字符的语料,例如"脸上仍然写满不悦"。

② 为节省纸面,"脸上写满"和"脸上＊写满"缩写为"脸上(＊)写满",实际检索时需分别检索。

表 4-19 "写满"右侧搭配词语的语义选择趋向

类别	右侧搭配词语	语义选择趋向
搭配类型 1 64%	忧伤、愤怒、疲惫、担心、憎恶、厌恶、痛苦、委屈之情、恐惧之情、悲怆之情、遗憾之情、不敢置信、不满和怒火、不认同、不赞同、困惑、失望、孤独寂寞、忧心与急切、忧愁、怒气、恐惧、惊慌、惊讶、愁容、愤懑、挣扎、无可奈何、悔意、疑惑、艰辛、遗憾、不相信、忧郁、不屑、难受、不甘心、不赞同、倦容、难言之痛、沉痛、焦虑、贪婪、懊恼、不安、悲伤、疑惑	消极心理、情绪
搭配类型 2 33%	美丽心情、好心情、关怀之情、热爱之情、感激之情、敬佩之情、好奇、期待、关心、兴奋、激动、惊喜、喜悦、自豪、爱慕、安心、得意、崇拜、幸福和憧憬、满足、笑容、笑意、自信、赞叹、羡慕、相思、渴望	积极心理、情绪
搭配类型 3 3%	刻苦、(勤劳、勇敢、智慧、善良)、淳朴	美好品质

观察 100 个索引行的扩展语境,共有 64 个索引行的右侧搭配词语表示消极心理情绪,例如"忧伤、愤怒、疲惫、担心、憎恶、不赞同、孤独寂寞、倦容、悔意、恐惧之情",占比 64%,与"역력하다" 61% 的比例相似。另外,有 33 个索引行的右侧搭配词语则为"期待、关心、兴奋、激动、惊喜、幸福和憧憬、敬佩之情"等表示积极心理情绪的词语。剩余 3 个索引行则为"勇敢、智慧、善良"等表示美好品质的形容词。从上述语义选择倾向来看,"写满"右侧搭配词语中表示"消极心理情绪"及"积极心理情绪"的词语与源语节点词"역력하다"的右侧搭配词基本一致。

作为检验"可译关系"的最后一个环节,本书随机选取了 10 个索引行进行"回译"。以下为原文及译文。

165)原文:他的表情写满了懊恼和焦虑。

译文:그의 표정에는 괴로움과 초조함이 역력하게 드러나 있었다.

166)原文:苍老的脸庞上写满了贪婪与野心。

译文:나이가 들어 보이는 얼굴에는 야심과 탐욕의 빛이 역력했다.

167)原文:秦牧观的表情和她一样写满了不可思议。

译文:그녀와 똑같이 진목관의 얼굴에도 불가사의한 표정이 역력했다.

168)原文:镜子里是个年轻男子的脸庞,脸上写满了倦容。

译文:거울 속에 비춰진 젊은 남자의 얼굴에는 피곤한 기색이 <u>역력했다</u>.

169）原文:老人那饱经风霜的脸上<u>写满</u>了愤懑与倔强。

译文:산전수전 다 겪은 그 노인의 얼굴에서 고집과 분노를 <u>역력하게</u> 읽을 수 있었다.

170）原文:一张张年轻或苍老的脸上都写满了喜悦,<u>写满</u>了对新年的美好期待。

译文:젊은이와 늙은이 할 것 없이 모두 얼굴에는 즐거움이 가득했고 새해에 대한 아름다운 기대가 <u>역력했다</u>.

171）原文:他那布满血丝的眼睛里<u>写满</u>了工作的疲惫。

译文:핏발이 가득 선 그의 눈에는 일을 하느라 피곤한 기색이 <u>역력했다</u>.

172）原文:在他那一双清亮明澈的大眼里,<u>写满</u>了无声的恳求。

译文:그의 맑고 깨끗한 눈에서는 말없이 애원의 빛이 <u>역력했다</u>.

173）原文:谈起刚刚过去的 2001 年,每个人的脸上都<u>写满</u>了喜悦和自豪。

译文:지난 지 얼마 안 되는 2001 년 이야기를 하면 모든 사람들의 얼굴에는 즐거움과 자랑스러운 빛이 <u>역력하게</u> 드러났다.

174）原文:每一张熟悉的脸上都<u>写满</u>了关心的表情。

译文:낯익은 얼굴들에는 관심을 기울이는 표정이 <u>역력했다</u>.

把 10 个"回译"文本交给 3 位本族语者进行评价,3 人均给出了"回译文本无误,二者可视为可译关系"的评价。

4.2.3 "难掩"与"역력하다"的可译关系

4.2.3.1 "难掩"的高频共现词考察

"难掩"与前两个可译单位不同,其语义韵较为集中。粗略观察 100 个索引行,其中 31 个索引行中的搭配词语表达了失望、遗憾等消极心理情绪,有 63 个索引行中的搭配词语表达了激动、兴奋等积极心理情绪,这与"역력하다"的语义韵特征极为相似。与"难掩"相似的单位可称之为"高配型可译单位",即与源语单位在语义韵上重合程度较高、无须复杂检索的单位。对于此类可译单位,可以继续使用搭配分析和扩展意义单位的分析方法验证可译关系。

首先,本书从 BCC 语料库中检索到 1 529 个索引行,导入 AntCont 语料库分析软件中,得到表 4-20 中的高频共现词语。

表 4-20　"难掩"在 BCC 语料库中的高频共现词语

Freq	Freq（L）	Freq（R）	MI 值	Collocate
1 474	2	2	−3.479 56	难掩
128	6	122	4.923 1	兴奋
125	9	116	4.131 31	情
105	13	92	4.861 47	心中
100	1	99	4.971 65	失望
89	77	12	4.903 07	脸上
84	1	83	4.926 57	激动
63	4	59	4.931 86	喜悦
53	41	12	4.937 07	语气
43	9	34	4.824 45	神色
42	1	41	4.819 65	内心
32	21	11	4.794 12	眼中
31	0	31	4.826 31	色
31	17	14	4.138 26	脸
30	2	28	4.861 47	笑意
26	8	18	4.698 09	神情
25	5	20	4.827 92	欣喜
25	2	23	4.598 44	心情
23	2	21	4.707 62	情绪
21	0	21	4.849 4	落寞
21	1	20	4.974 93	惊讶
20	0	20	4.779 01	得意
19	6	13	4.383 08	表情
19	16	3	4.646 11	声音
17	0	17	5.042 04	悲伤
16	0	16	4.794 12	讶异
16	10	6	4.794 12	眼底
15	11	4	4.701 01	笑容
13	6	7	4.835 59	激情

续表

Freq	Freq（L）	Freq（R）	MI 值	Collocate
13	0	13	4.935 13	失落

从表 4-20 中不难看出，高频共现词语的聚合特征十分明显，主要可以分为三类。

第一类高频共现词是表示心理情绪的形容词，例如"兴奋、失望、激动、喜悦、欣喜、落寞、得意、悲伤、讶异、失落"，这与"역력하다"的高频共现词具有高度的一致性。不同的是，"역력하다"表达消极心理情绪和积极心理情绪的比例分别为 61%、8%，消极心理情绪的比例明显高于积极心理情绪。而"难掩"的此类高频共现形容词在极性上则相反，统计共现频率最高的 10 个形容词，表达积极心理情绪的"兴奋、激动、喜悦、欣喜、得意"共出现 314 次，表达消极心理情绪的"失望、落寞、悲伤、讶异、失落"共出现 167 次。

第二类高频共现词是表示心理情绪的抽象名词，例如"情、语气、神色、色、神情、情绪、心情、表情"，频率最高的前 9 个抽象名词在索引行中共出现 345 次，共现频率非常高。这与"역력하다"共现词中的"기색、표정、빛、모습、흔적、티、자취、분위기"具有相似性。

第三类高频共现词语是与身体有关的名词或方位短语，在语境中表示情绪表露的地方，如"心中、脸上、内心、眼中、脸"，这与"역력하다"共现词语中的"얼굴에、눈에는"基本一致。

从上述三类高频共现词语上看，"难掩"和"역력하다"在语义韵上存在高度的一致性，都表示"人的积极或消极心理情绪十分明显"，例如"难掩兴奋、难掩失望、难掩落寞、难掩喜悦"。下面我们要进一步考察二者在语义韵上的差异。

4.2.3.2 "难掩"的扩展意义单位分析

本书从 1 529 个索引行中随即抽取 100 个进行扩展意义单位模型分析。观察索引行，可以发现"难掩"的类联接形式比较单一，主要表现为动宾结构，例如"难掩一脸的得意、难掩一种失落感、难掩一份怒气"。也有少数索引行中出现主谓结构的类联接形式，例如"欣喜难掩、兴奋难掩、倦容难掩"。这两种类联接形式没有对语义韵产生显著影响。

节点单位的搭配词语显现出明显的聚合特征，这种聚合特征主要体现在节点单位右侧(少数为左侧)的搭配词语上,例如"落寞、悲伤、失望、委屈、伤心、诧异"等是表示消极心理情绪的形容词,"失落感、倦容、倦意、倦色"等是表示消极心理情绪的名词性词语。因此,本小节主要通过观察节点单位的右侧搭配词语(少数为左侧)归纳语义选择趋向,进而得出"难掩"的语义韵。具体内容列表4-21如下。

表4-21 "难掩"的搭配词语和语义选择趋向

类别	搭配词语	语义选择趋向
搭配类型 1 28%	喜悦心情、笑口、激情、兴奋、欣喜、一丝娇羞、一丝惊喜、一丝兴奋、得意、好奇之心、一脸兴味、好奇、狂喜、惊喜之色、期待的心、暖意、喜悦、骄傲、乐观、释然、喜爱	积极心理、情绪
搭配类型 2 55%	苦涩、辛酸、倦容、情绪、委屈伤心、一丝哽咽、一丝埋怨、一丝愧意、一丝挑衅、一丝疑惑、一丝落寞、一丝迷惘、气怒、嘲讽、沉郁、羞耻、失落感、失望、恶心的感觉、悲伤、愁容、惊诧、慌乱、心烦意乱、紧张、不安的心、不以为然的语气、不屑、失落神色、不满、不耐烦、不舍、不舍之情、不解、愤怒之情、不安、忐忑、恐慌、愤懑、众愤、伤心	消极心理、情绪
搭配类型 3 13%	魅力、一丝苍老、傲气、脸色、风采、光芒、风神俊朗、人性之光、人性之善、帅气、俊美的脸庞、优雅举止、贵族之气	人的外表特征
搭配类型 4 4%	窘况、意在沛公之嫌、惨淡、分歧	社会氛围

据表4-21,可以得出以下结论。

"难掩"的搭配词语所表意义可概括为四个语义集合。第一个表示积极心理、情绪,第二个表示消极心理、情绪,第三个表示人的外貌、神韵、气度等外在特征,第四个表示社会氛围。

第一个语义集合所属词语占比28%,主要包含表示积极心理、情绪的词语,如"得意、喜悦心情、笑口、兴奋、欣喜、一丝娇羞、一丝兴奋"。包含此类搭配词语的索引行主要表达了一种积极的态度意义,即"难以掩饰好心情"。例如:

175)该馆副馆长吴冠群也难掩一脸欣喜:"新馆已经进入后期装修阶

段……

176）谈到这些巨大变化，王代表难掩兴奋。

例175）表达了副馆长对建阳博物馆新馆即将建成的高兴心情。例176）表达了王代表对四川省经济发展取得巨大成就的兴奋心情。

第二个语义集合所属词语占比55%，主要包含表示消极心理、情绪的词语，例如"苦涩、辛酸、倦容、委屈伤心、一丝愧意、一丝疑惑、一丝迷惘、羞耻、失落感、失望、恶心的感觉、悲伤"。包含此类搭配词语的索引行主要表达了一种消极的态度意义，即"难以掩饰不好的心情"。例如：

177）"御骋，你该清醒了！为了这一张照片，我们做的还不够多吗？"低沉的语调，难掩不满。

178）水容容叹了口气，直视着她，由衷地说："姊，谢谢你们的好意！我还是待在家里等你们回来就好。"水若莲难掩失望："你真的这么不喜欢去啊？"

例177）表达了对"御骋"所作所为的不满情绪。例178）表达了水若莲对水容容不愿出门的失望态度。

第三个语义集合所属词语占比13%，主要包含表示人的外表特征的词语，例如"魅力、一丝苍老、风神俊朗、帅气、俊美的脸庞、优雅举止、贵族之气"。包含此类搭配词语的索引行主要表达了一种积极的态度意义，即"对人的外表特征表示赞美、赞赏"。例如：

179）少年银发披肩，柳眉垦目，粗衣麻布却难掩丰神俊朗。

180）胭脂看着这次来的男人，脸上跟刚才来的左容容一样摆着笑容，打扮温儒，却难掩他自然流散的贵族之气。

例179）表达了对"少年"俊朗外表的赞美之情。例180）表达了"胭脂"对"这次来的男人"身上的"贵族之气"的欣赏。

第四个语义集合占比4%，数量极少，主要包含表示社会氛围的词语，例如"窘况、意在沛公之嫌、惨淡、分歧、没落"。包含此类搭配词语的句子主要表达了一种消极的态度意义，即"难以掩饰不好的社会氛围"。例如：

181）虽然两市昨日红盘收官，但仍难掩今年A股大幅下跌的惨淡。

182）虽然每年仍有部分影片在国际展中获得奖项，但仍然难掩电影业整体没落的处境。

例 181）表示"A 股大幅下跌"这种惨淡的社会氛围十分明显，难以掩饰。
例 182）表示电影业不景气的整体趋势十分明显，难以掩饰。

据上述分析，"难掩"的语义韵主要受到搭配词语以及语义选择趋向的影响。语义韵主要有四个，列表 4-22 如下。

表 4-22 "难掩"的语义韵

语义韵	比例
【消极：难以掩饰不好的心情】	55％
【积极：难以掩饰好的心情】	28％
【积极：对人的外表特征表示赞美、赞赏】	13％
【消极：难以掩饰不好的社会氛围】	4％

其中【消极：难以掩饰不好的心情】占比最高（55％），其余按照比例依次为【积极：难以掩饰好的心情】（28％）、【积极：对人的外表特征表示赞美、赞赏】（13％）、【消极：难以掩饰不好的社会氛围】（4％）。消极语义韵和积极语义韵的占比分别为 59％、41％。与"역력하다"相比，除去【积极：对人的外表特征表示赞美、赞赏】，其他语义韵特征与"역력하다"一致，只是各自所占的比例有所不同。因此，"难掩"可以视为"역력하다"的可译单位。

4.3 小结

本章主要探讨了"역력하다"非典型性翻译对等单位的两种类型：短语序列与可译单位。主要观点可概括如下。

第一，短语序列因组合词之间在语义上的互相渲染、影响，大大缩小了共选形式的范围，对等率显著提高，并产生语义韵上的变化，主要变化有：扩展意义单位模型由繁到简，产生新的意义移变单位，丧失某些语义韵。"显露出""清晰可见""明显（地）流露出""明显显得"与"역력하다"的翻译对等率分别为 63％、90％、100％、41％，明显高于"明显"和"历历在目"的 39％和 20％。相比"明显"，"明显（地）流露出"和"明显显得"的语义韵由原来的 7 个减少到 4 个和 2 个，与"역력하다"在语义韵上的契合度显著提高。"明显"受到"显得"的语义韵影响，产生了新的移变单位：社会性抽象事物存在不足、缺陷。可见，作为非典型性翻译对等单位的短语序列可以有效调节与源语单位在功能上的契合度，并

与之形成"型式不对称"的翻译对等关系。

第二,可译单位与源语单位也可形成非典型性翻译对等关系。可译单位按照与源语单位语义韵的重合程度,可分为高配型可译单位和低配型可译单位。高配型可译单位是指与源语单位在语义韵上重合程度较高、无须复杂检索的单位。研究此类单位时可以延续对等单位的研究路径,即搭配分析和扩展意义单位模型分析。低配型可译单位则是指与源语单位在语义韵上重合程度较低、需要复杂检索的单位。研究此类单位的路径包括复杂检索(检索式)、回译法验证和扩展意义单位模型分析,其中扩展意义单位模型分析是可选项,不是必选项。"难掩"是"역력하다"的高配型可译单位,"不难看出、写满"是"역력하다"的低配型可译单位,它们均可与"역력하다"构成非典型性翻译对等关系。

本章对短语序列的分析扩大了"对等单位"的研究范围,词与词、词与短语序列、短语序列与短语序列之间均有可能存在对等关系。"可译单位"概念的提出为翻译多样性理论提供了新的观察途径。

第五章

基于语义韵翻译对等理论的"역력하다"和"또렷하다"翻译教学探索

5.1 教学理念的转变

世界正从 IT 时代走向 DT 时代,大数据成为改变世界的重要科技力量。教育在大数据技术的支持下也进入变革创新的新时期。但是目前的外语翻译教学仍在采取陈旧的教育模式,教材内容更新换代速度慢,教师的知识结构、教学方法、教学技术与日新月异的时代变革脱节,导致教学效率低下,难以激发学生的学习兴趣。因此,针对教学中存在的问题,本章旨在探索如何运用新的教学技术和理论(语义韵翻译对等理论)进行翻译教学。为解决教学中存在的问题,教师首先需要改变的是教学理念。教师还要改变以教师教授为中心、以教师语言输出和教材内容为语言来源的演绎式教学模式,并顺应信息时代的要求,主动运用数据驱动的方法,探索以学生为中心、以大量语言事实为素材的归纳式教学模式。

数据驱动是中国科学技术名词审定委员会于 2011 年公布的语言学名词。数据驱动是一种问题求解方法,从初始的数据或观测值出发,运用启发式规则,寻找和建立内部之间的关系,从而发现一些定理或定律。[①] 数据驱动运用于教育过程中,衍生出了"数据驱动教学"(Data-Driven Instruction,简称 DDI)和"数据驱动学习"(Data-Driven Learning,简称 DDL)两个专业词语。数据驱动教学是运用现代信息技术的外语教学方法,教师采集、分析大量真实的语言素材,依照分析结果设计教学环节和教学内容,并把学生的作业等制作成数据库,通过数据分析对学生作出教育评价,并在教育评价的基础上重新调整教学内容。数据驱

---

① 引自中国科学技术名词审定委员会的术语在线,网址:https://www.termonline.cn/index.

动学习是基于语料库的外语习得方法,应鼓励学生主动从真实的语言事实中观察、概括和归纳语言规律。相比传统的外语学习方法,数据驱动学习并不直接习得某一语言特征,而是通过必要的语料分析软件对语言事实进行观察、分析和比较,最终得出结论。数据驱动教学和数据驱动学习不是孤立的,而是相辅相成、同时存在于教育过程中的。

数据驱动学习的理论依据主要来自建构主义理论和语言习得理论(陈颖, 2010)。

建构主义理论认为知识的获取是学生借助各种学习资源和媒介,通过与外部环境的交互,自我发现、探索、建构起知识体系的过程。在数据驱动学习过程中,学生接触到语料库丰富的真实语言,发现并归纳出语言事实,在已有的基础上,构建对新知识的主观理解和认知体系。

第二语言习得是指在自然的或有指导的情况下有意识学习或无意识掌握母语以外的一门语言的过程。语言习得必须具备两个基本条件:一是要有大量、真实的语言输入,二是要有使用语言的过程以及使用语言的动机。基于语料库的数据驱动学习能够充分满足以上条件。首先,语料库容量巨大、语言真实、内容多元,可以成为数据驱动学习的理想平台;第二,数据驱动方法要求学生通过大量语言事实归纳语言知识,这一过程恰好是学生使用语言的过程;第三,相比传统的语言学习方法,数据驱动学习方法可以接触到更多的文化信息,激发学习兴趣,促进学习动机的产生。

相比传统外语教学过程,基于语料库的数据驱动教学具有以下特征。

第一,以教师教授为中心转向以学生自主学习为中心。以学生为中心是近年来倡导的教学模式,但如何以学生为中心组织课堂教学却是不容忽视的难题。数据驱动教学要求教师从教授者转向组织者和引导者,帮助学生通过 DDL 方法发现语言现象,探索语言规则和使用特征,构建知识体系。学生在学习过程中自我管理、自我监督、自我评估,锻炼了学生的自主学习能力。

第二,以大量真实语言为习得"素材"。目前的语言教学多以教师的语言输出和教材内容作为学生习得的主要语言来源,聚焦到翻译教学中,双语词典也是学生最为常用的参考材料之一。但是由于多数外语教师的外语能力尚未达到本族语者的水平,词典释义难以解释近义词在语义和语用上的细微差异,导致学生产生语言输出错误。而基于语料库的数据驱动学习可以解决这个问题。语料库提供的语言数据来源于真实的交际活动,属于自然语言,并非为了教学目的而刻意创造的。另外,这些语言数据数量巨大,可以观察到语言使用的整体特征,而不会因个别语料的错误使用发生误导。学生还可以运用 AntConc、Cuc-ParaConc 等可供免费使用的检索软件对语料进行详细分析。

第三,提倡自下而上、归纳式教学。目前的外语教学多采取自上而下演绎式的方法。教师通过讲解语言知识、举例说明组织课堂教学,学生通过练习加强理解、巩固知识。由于课堂时间有限,缺乏大量的真实语言材料,学生对语言知识的理解不够深入,使用时缺乏具体语境,生搬硬套的情况较多。其次,教师讲解的语言知识和词典解释同真实语言不吻合现象时有发生。在数据驱动的教学方法中,学生首先接触的不是先入为主的语言知识,而是大量真实的语言数据,学生借助必要的软件、通过科学的观察路径分析语言现象,并总结规律。

数据驱动为语言教学提供了一种新的开放式思路和方法。目前数据驱动应用于语言教学的研究成果大多集中在语法、词汇教学领域,应用于翻译教学的数据驱动研究多围绕平行语料库展开。本书将借助自建的在线 CQPweb 韩汉平行语料库、BCC 汉语语料库、CCL 汉语语料库、国家语委现代汉语平衡语料库[①]、世宗计划韩国语语料库展开基于语义韵翻译对等理论的数据驱动翻译教学研究。上述语料库全部提供在线检索,其意义在于以下两点。第一,在线语料库可以解决困扰语料库语言学研究的版权问题,不必把整个语料库完全复制给第三方,可以在任何操作系统的平台上自由检索;响应时间受语料库规模大小和计算机整体配置的影响大大缩小,学生可以在任何有网络的地方用手机、平板、电脑随时检索。第二,语料库广泛应用于外语教学成为可能。教师在学生经过短期培训,掌握简单的在线检索技术之后,就可以在教学中引进数据驱动的方式。

非通用语种多为零起点教学,这种"发现式"的数据驱动教学不适合初、中级水平的学生,他们不具备"自主发现"的学习能力,因此本书的实验对象设定为大学本科三、四年级学生以及研究生。

下面我们以"역력하다"和"또렷하다"为例,探索如何把语义韵翻译对等理论和数据驱动理念融入翻译教学过程,形成新的教学模式。

---

① 国家语委现代汉语平衡语料库,语料库总词规模为 12 842 116,在线检索语料经过分词和词性标注。网址:http://corpus.zhonghuayuwen.org/CnCindex.aspx。

5.2 基于语义韵翻译对等理论的"역력하다"和"또렷하다"翻译教学

5.2.1 语料库在翻译教学中的基本应用

语义韵翻译对等理论是语料库语言学的一个理论,因此学会如何使用语料库非常重要。词语索引是语料库在翻译教学中的基本应用方法。最常见的索引形式是 KWIC(Key Words In Context),即"语境中的关键词"。"索引行"(Concordance Line)指关键词及其共现的扩展语境。扩展语境以关键词为中心,可扩展显示至所在行、段落及语篇。词语索引又分为关键词索引和正则表达式索引。关键词索引较为简单,输入关键词即可显示包含关键词的所有索引行,正则表达式索引需要根据检索要求编辑检索式,较为复杂。本小节以"역력하다"和"또렷하다"及其翻译对应单位为例进行示范。

首先,在 CQPweb 韩汉在线平行语料库中检索"역력하다",考察与关键词相对应的翻译对应单位。考虑到"역력하다"一词存在"역력하다、역력하고、역력했다、역력하였다"等一系列曲折变化形式,以"역력"为关键词检索,检索结果中去除包含"면역력"的索引行,共得到 14 个索引行(见附录 2)。教师根据索引行信息引导学生找出"역력하다"的翻译对应单位,并围绕关键词与翻译对应单位之间是否存在翻译对等关系这一问题进行进一步考察。

平行语料库的检索目的是找出关键词的翻译对应单位,单语检索的目的是考察韩国语关键词和汉语翻译对应单位在扩展意义单位上的特征。教师需要引导学生对索引行进行分类,也可以把事先分类好的索引行进行课堂展示,引导学生自主归纳搭配、类联接及语义韵特征。表 5-1 是部分索引行的归类展示范例。

表 5-1 索引行归类示范

类别1	1	눈이 퉁퉁 부어 있었다 . 울었던 흔적이 역력하게 나타나 있었다 .
	2	비난을 퍼붓는 사람들이 대체로 신부측에는 공연히 측은하게 여기고 동정하는 분위기가 역력하다는 점이다 .
	3	욕망이 모두 빠져 나간 얼굴엔 완전히 피로한 기색만 역력하다 .
	4	세계은행, IMF, WTO 등이 상호조정과 공조보다는 오히려 경쟁과 갈등으로 비화할 조짐이 역력하다고도 볼 수 있는 상황이다 .
	5	자신이 지역 이기주의자로 몰리는 게 어쩐지 싫다는 표정이 역력하다 .

类别2	6	위인의 형용에 겹쳐 천봉삼의 환형이 너무나 역력하게 떠올랐기 때문이었다.
	7	그러고 보니 나뭇가지에 내려앉은 눈에도 투명한 푸른 빛이 역력했다.
	8	문학의 실천적 부분이라는 사실을 우리 자신이 건설하는 문학의 전 과정을 통해서 역력하게 보여 주고 싶습니다.
	9	산천재(山天齋: 남명 조식의 만년 강학처)에는 아직도 선사의 자취가 역력하고…
	10	고분 사이사이로 집들이 들어섰다가 길이 난 흔적이 역력했다.

同一个词可能兼属不同的词类,搭配和类联接等形式构成要素也各不相同,有时需要精准检索关键词某类词性或某种类联接的索引行,需要教师引导学生学习一定的检索技巧,编写检索式进行检索。检索关键词的某类词性时,对于标注词性的汉语语料库,可以通过"关键词 + 词类标识符 + 词类标记代码"形式获取。在检索"明显"一词时,需要获取"明显"后接形容词、副词或动词的检索行,如"明显瘦了、明显已经胜出、明显喝醉了"等形式。这时,教师需要引导学生分析如何编辑检索式,引导学生观察"明显"一词的形式构成特征,这对于后续的扩展意义单位模型分析十分有用。通过研究 BCC 语料库的"检索说明"和符号代码,教师引导学生编写出"明显 a、明显 d、明显 v"三个检索式,也可以把三个检索式合并为"明显 [a v d]"的形式。表 5-2 是部分检索结果。

表 5-2　"明显"的定向检索范例

	1	他可疑的地方俯拾即是,可任何人都抓不到他明显可信的罪证。
明显 a	2	鲍老师的声音冷冰冰的,为自己的报告被打断而露出明显不悦的口气。
	3	他们用神秘兮兮的眼神看着她明显憔悴的脸。
	4	贾尔斯很明显已到中年,已经发胖,失去了吸引力。
明显 d	5	他也跟着奋力一跃,很明显太过激动了。
	6	其他的店铺很明显都已经关门了。
	7	他的脸上明显露出不安的神色。
明显 v	8	高大队长的脸上明显表示不高兴。
	9	肖科平既竟然又嫌恶地看着这两个明显喝醉了的男人。

本书在分析"清晰"一词的扩展意义单位时发现,"清晰"+"可闻、可辨、可

见"的结构表达了事物清晰分明的样子,并且在"清晰"的语义强度上有所增强,这与"历历在目"的部分意义十分吻合。因此,教师可以引导学生对这一结构进行检索,也可以课上把全部的检索结果展现给学生,指导学生自行对"清晰"+"可"结构与"清晰、历历在目、또렷하다、역력하다"的扩展意义单位进行比较分析。检索这一结构可以使用"模糊匹配"的方法,相比"整词匹配","模糊匹配"可以对型式构成具有鲜明特征的结构进行精确检索。表5-3展示了部分检索结果。

表5-3 "清晰"+"可"结构的部分检索结果

可辨	1	她能看见延亘向北的墨绿色山峦,块块皱折斑驳的悬岩和裂缝清晰可辨。
	2	月是残缺的,但那残缺部分浅浅的轮廓清晰可辨。
	3	渠水渐趋平静,渠底的淤泥和青蛙的脚印清晰可辨。
可闻	4	麦基特里克犹豫着,他那紧张的呼吸声清晰可闻。
	5	"咯咯咯"的皮鞋声清晰可闻。
	6	行人和车辆冒着寒气匆匆走过,脚步声和车轮声清晰可闻。
可见	7	寺庙的围墙被英军炮轰的缺口以及门上子弹留下的痕迹依然清晰可见。
	8	水底的沙纹及闪亮的贝壳碎片清晰可见。
	9	水中映出一张苍老的脸来,白发也已清晰可见。

在翻译教学中,教师通过索引(KWIC)为学生呈现大量真实的语料,并对语料进行分类、筛选,根据教学目的组织课堂教学内容、设计课件,引导学生观察、分析。教师也要引导学生掌握索引技巧,使学生能够自主开展数据驱动学习。其中,不管是教师引导学生还是学生自主学习,都需要有一个科学的理论引导和有效的分析方法,这个理论就是语义韵翻译对等理论,方法是扩展意义单位分析法。下一小节中将集中阐述如何运用语义韵翻译对等理论和扩展意义单位分析法开展数据驱动教学。

5.2.2 "역력하다"和"또렷하다"教学过程

语义韵翻译对等理论的研究方法是扩展意义单位分析法。扩展意义单位包含节点词、搭配、类联接、语义选择趋向和语义韵五个因素,这五个因素既是互相影响、循序渐进的有机整体,也是可以独立观察的个体。本书第四、五章集中论述了"清楚"义翻译对应单位的扩展意义单位,笔者将以"清楚"义翻译对应单位的扩展意义单位为例探索数据驱动的教学过程。

　　分析扩展意义单位主要采取"远观大局、近看局部"的方法,"远观大局"指的是借助语料库分析软件的 Wordlist 和 Collocates 功能分析节点词左右搭配词的语义特征和聚合特征,"近看局部"指的是采取随机抽样法分析节点词的扩展语境。那么,在实际的教学和引导过程中是"先远后近",还是"先近后远",要视具体情况而定。一般来说,左右搭配词如果呈现较为明显的语义聚合特征,教师可以在课堂教学中采取"先远后近"的方法,引导学生根据搭配词的聚合特征归纳节点词的语义选择趋向。

　　例如,教师指导学生把源语节点词"역력하다"的检索语料导入 AntConc,设置左右跨距为5,并把共现频率和相关值(MI 值)均较高的搭配词语选出来,详见表 5-4。

表 5-4　"역력하다"的显著性搭配词语 ①

> 기색이、표정이、빛이、모습이、지친、애쓰는、눈치가、피곤한、실망한、혼곤한、얼이、빠진、빛만、흔적이、티가、자취가、찌든、분위기가、얼굴에、긴장하는、의도가、우려하는、당황하는、피하려는、애쓴、시달리는、불쾌한、경계하는、흘흘거리는、작품들에는、비웃듯、말아올리며、어릿거리며、검소한、걱정스러운、후회하는、침울한、건성웃음

　　接着,教师可以向学生提出两个问题。

　　第一,表 5-4 中的显著性搭配词如何分类?

　　第二,每一类搭配词具有怎样的聚合特征?

　　在教师的引导下,学生可以将表 5-4 中的共现词按照词性分为两类,分别为名词和谓词 ②(包括动词和形容词),具体分类见表 5-5。

---

① 由于韩文语言的特点,检索出的同一个高频搭配词语可能附加不同的助词和词尾,如"표정"一词还有"표정에는、표정이"等形式,"얼굴"一词还有"얼굴에、얼굴엔"等形式。为避免重复,表 5-4 中的同一词语只列出了一种形式。

② "역력하다"前常与名词性词语(包括名词和名词性短语)构成类联接,此处的谓词与名词构成类联接中的名词性短语,例如"당황한 기색、지친 표정、피곤한 모습、실망한 표정、말아올리며 비웃듯 흘흘거리는 그의 건성웃음"。

表 5-5 "역력하다"的显著性搭配词语分类

名词[①]	기색이、표정이、빛이、모습이、눈치가、표정에는、얼이、얼굴에、빛만、흔적이、티가、자취가、분위기가、의도가、작품들에는、건성웃음
谓词	당황한、지친、애쓰는、피곤한、실망한、혼곤한、빠진、찌든、긴장하는、우려하는、당황하는、피하려는、애쓴、시달리는、불쾌한、경계하는、홀흘거리는、비웃듯、말아올리며、검소한、걱정스러운、후회하는、침울한

对搭配词进行分类后,教师指导学生对这两组词进行观察,找出词与词在语义上聚合在一起的共同特征,这便是搭配词的语义选择倾向。语义选择倾向对语义韵的影响已在前章集中论述,在此不再赘述。教师在此过程中扮演着引导者的角色,事先需要向学生简单介绍语义韵及扩展意义单位的概念。经过观察,学生可以发现,第一类名词多为表示人的脸部(얼굴에、표정에는)神情(기색이、표정이、빛이、얼이、티가)、模样(모습이、눈치가)或事物外部表象(흔적이、자취가、분위기가)的名词,而人的脸部神情、模样也可以概括为人的外部表象,因此第一类名词的聚合特征十分明显。第二类谓词的语义聚合特征也十分明显,多为表示消极情绪(당황한、지친、애쓰는、피곤한、실망한、혼곤한、긴장하는、우려하는、당황하는、피하려는、시달리는、불쾌한、경계하는)的谓词。

"远观"完搭配词的语义聚合特征,并不能完全确定节点词的语义韵特征。语义韵代表着节点词在实际应用中的功能特征,因此,只有在具体的扩展语境里,才能归纳出语义韵特征。教师在"近观"扩展语境的这一步,需要做到以下两点。

第一,考虑到课堂效率,教师需要提前准备展示语料,需要对语料按照比例进行分类并为学生大体划定观察范围,即节点词左右大约 5 个词的跨距。

第二,需要向学生规范语义韵的归纳方式,不采用积极、消极、中性的简单三分法,而是采用更为详细具体的"林奈双名法"进行归纳。

表 5-6 是"역력하다"的分类语料(10 例)示例。

---

① 韩国语在 AntConc 中检索时,由于本身语言的特点,检索出的名词后面常带有"이、가、에"等助词,谓词后面常带有"ㄴ、는"等冠形词形词尾。表 5-5 中的名词是指去掉助词后的名词,谓词是指去掉词尾后的谓词原形,但为了呈现真实的检索结果,文中未去除助词和词尾。

表 5-6　"역력하다"的分类检索语料示例

第一组	지역 이기주의자로 몰리는 게 어쩐지 싫다는 표정이 역력하다 . 자신들이 사는 지역은 굴업도와 충분한…
	음악 선생의 얼굴에 낙심하는 빛이 역력하게 드러났습니다 . 그와 반대로 대학생 녀석의 얼굴에는…
	오히려 경쟁과 갈등의 조짐이 역력하다고도 볼 수 있는 상황이다 .
	하늘을 올려다본다 . 아쉬운 표정이 역력하다 . 미나가 벌떡 일어나고 은주도 따라…
	눈이 퉁퉁 부어 있었다 . 울었던 흔적이 역력하게 나타나 있었다 . '어머니가 애들 보고 싶어하시니까 .'
	얼이 빠진 얼굴에 혼곤한 빛만 역력하였다 . 그렇듯 양순이 누님의 얼굴을 떠올리자…
	마을마다 근심하는 빛 역력하고 고을마다 탄식하는 소리 끊이지 않아…
第二组	고분 사이사이로 집들이 들어섰다가 길이 났다는 흔적이 역력하다 .
	1 반보다는 2 반을 응원하는 분위기가 역력하다 .
第三组	자신의 생각을 적극적으로 나누면서 토크를 즐기는 기색이 역력하다 . 즐겁기는 패널들도 마찬가지 .
	사람들은 가극이 보여주는 색다른 예술적 감동의 세계에 고무된 표정이 역력하다 . 전통적 소재를 웅대하고 장엄한 규모의 서사극으로…

　　语料呈现之后,教师要求学生按照分类归纳出"역력하다"的语义韵特征。为验证扩展意义单位分析方法的有效性,我们共招募 10 名中国普通高校韩国语系本科三年级学生,要求他们对"역력하다"的语义韵特征做出主观描述(见附录 4)。为确保实验的公正性,这 10 名学生的专业成绩在整个班级中呈均匀分布状态。表 5-7 为实验结果。

表 5-7　扩展意义单位分析实验结果

分类		正确	基本正确	不正确
第一组	极性判断	10		
	主观描述	8	1	1
第二组	极性判断	10		
	主观描述	6	3	1
第三组	极性判断	10		
	主观描述	8	1	1

　　从表 5-7 中可以看出,学生通过对语料的扩展意义单位分析,对于节点词所

在语境的感情色彩判断十分准确,准确率达 100%。也就是说,学生能够准确判断节点词的语用功能,即交际意义和态度意义。在语义韵的主观描述上,准确率尽管有所下降,但也达到了 80%、60%、80% 的比例。大部分学生能够意识到左侧搭配词的聚合意义对节点词产生的影响。尽管主观描述的答案不尽相同,诸如"不高兴的表情比较明显""消极情感很明显""不高兴的样子通过表情、动作很明显地显露出来""各种不愉快的表情、痕迹、征兆看得很清楚"等,但是这些答案都包含了两点核心要素,一是"消极情绪",二是"这种情绪很明显地显露出来"。相比节点词的词典释义(자취나 기미、기억 따위가 환히 알 수 있게 또렷하다),通过扩展意义单位分析作出的语义韵描述既包含节点词的语义特征,又包含了语用特征。

　　以上内容阐述了扩展意义单位分析的整个教学流程。节点词初似对等单位的扩展意义单位也可以引导学生按照这个路径进行分析。本书招募的 10 名学生通过扩展意义单位分析,对"显露出、明显、历历在目"与"역력하다"的对等关系作出了判断,表 5-8 展示了实验结果。

表 5-8　基于扩展意义单位的翻译对等关系教学实验结果

	完全对等关系	涵盖或从属式对等关系	部分交叉式对等关系	不对等关系
显露出	2	2	6	
明显	2	5	3	
历历在目				10

　　从表 5-8 中可以看到,在源语节点词与"显露出、明显、历历在目"3 个初似对等单位的扩展意义单位对比分析中,10 名学生分别有 6 人次、5 人次、10 人次得出了与本书相似的结论。其中,10 名学生全部判定"역력하다"与"历历在目"不存在翻译对等关系,而在 NAVER 双语词典中,"历历在目"是"역력하다"的第一个中文对等词。另外 2 组也有至少半数学生得出了正确结论。这说明,扩展意义单位分析为学生提供了一个不同于双语词典的、寻找翻译对等词的新路径,但复杂多样的语境要求学习者具备一定水平的语言基础。

　　需要注意的是,在扩展意义单位的五个要素——节点词、搭配、类联接、语义选择趋向、语义韵中,多数学者重点围绕搭配和语义选择趋向对语义韵产生的影响展开研究。基于语义韵的数据驱动教学也强调了要引导学生分析搭配词的语义聚合倾向以及对节点词的"渲染"作用。作为教师,我们不能忽视一点,那就是类联接对语义韵的影响。在基于语义韵的翻译教学中,类联接形式特征对翻译对等的影响也不容忽视。

例如"온당하다"和初似翻译对等词"妥当",高达76%的源语节点词在具体语境中受到"지、온당치 못하다、않다、찮은"等否定结构、"지만、건만、(으)나、그러나"等转折结构以及"파악하고 있지 못한다、성립하지 못한다、극복하지 못한다"等动词否定结构的影响,被渲染上了一种与词典义相反的、表示"行为、看法或事件不妥当"的消极态度意义。节点词的初似翻译对等词"妥当"也与"不、没有、欠、不大、不是、并不、不够、不太、不能、未必、是否"等表示否定或质疑的词语存在显著搭配关系,表达了"不正确、不妥当"的态度意义。从这一点来看,二者可以视为翻译对等词。

5.2.3 "역력하다"和"또렷하다"教学课件设计

从方法论角度看,基于语义韵翻译对等理论的扩展意义单位分析能够为翻译教学提供大量的语料和切实可行的"数据驱动"路径。教师可以根据这些真实语料设计各种互动式练习,制作"数据驱动"教学课件,让学生在真实的语境中进行产出式巩固练习。教师可以屏蔽索引行中的关键词或对应词,制作有针对性的翻译填空练习;可以围绕某一关键词进行多样性翻译练习,练习前可以根据难度为学生提供一定数量的双语索引行;也可以制作反向"回译"练习,考查学生对源语关键词形式构成特征的掌握程度。

以下内容是本书制作的翻译填空练习示例。

---

1. 희미한 웃음을 보였지만 안경을 벗은 얼굴에는 지친 기색이 역력했다.

脸上虽然挂着微笑,但摘下眼镜后,一脸疲惫(　　　)。

2. CEO 를 겸하고 있는 이강철조차 비관적 기색이 역력했다.

兼任 CEO 的李江哲也(　　　)悲观态度。

3. 하지만 가족들은 깊은 슬픔과 극도의 피로 속에서도 차분함을 잃지 않으려 애쓰는 모습이 역력했다.

然而,家属们在极大的痛苦和极度的疲劳中还努力保持镇静的样子也(　　　)。

---

4. 그러나 힘주어 말하는 말투와 반대로 그 표정에는 '우리는 언제 이 렇게 살아보나' 라며 미숙을 부러워하는 모습이 역력했다.

但与强调的语气不同,他的表情则是"我们到底什么时候才能这样生活",(   )似乎很羡慕美淑。

5. 이제 우리가 '여러분을 보호할 것이다' 는 약속에 참석자들에겐 감격스러운 표정이 역력했다.

出席者面对"现在我们将会保护大家"这样的承诺,(   )激动的神情。

6. 이들의 표정에는 이틀 만에 합의안을 끌어냈다는 안도감보다는 앞으로 닥쳐올 고난에 대한 비장감이 더 역력했다.

(   )他们脸上的不是2天内就制定出议案的轻松表情,而是今后将遭遇困难的悲壮表情。

7. 실제로 내용을 들여다보면 학교가 고심한 흔적이 역력하다.

实际上从内容来看,(   )学校的担忧。

8. 경제계도 회피적인 대처보다는 자신들에게 유리하게 상황을 몰아가려는 움직임이 역력하다.

经济界也(   )想要努力使情况对自己有利,而不是采取回避态度处理事件。

9. 이순신 장군 동상과 분수,해치마당,역사물길,그리고 10월 한글날에 제막될 세종대왕 상 등으로 꾸민 전체적인 모양새도 상당히 품을 들인 기색이 역력하다.

李舜臣将军的铜像和喷水池、獬豸庭、历史水渠以及将在10月韩文日上揭开帷幕的世宗大王像,都让我们可以(   )它耗费的人力物力。

10. 부동자세를 취한 사진 속의 어머니는 긴장한 모습이 역력하다.

照片中两人的姿势一动不动,妈妈的表情(   )很紧张。

11. 왜 내가 그것을 짐작할 수 있었는가 하면 손용대와 이덕원의 표정에는 자기 몫을 내지 못한 침울한 심정이 너무나 역력하였기 때문이다.

为什么我能猜出来? 因为孙永大和李德元的脸上(   )因没能交出份子钱而郁闷的心情。

以下是翻译多样性练习示例：

用下列翻译初似对等词，翻译三个不同的译文，要求译文准确传达原文意义，流畅无误。

明显、明显显得、清晰、清晰可见、历历在目、写满、不难看出

原文：희미한 웃음을 보였지만 안경을 벗은 얼굴에는 지친 기색이 역력했다.

译文1：_____

译文2：_____

译文3：_____

在做练习之前，教师需要引导学生认清以下两点。

第一，翻译对等单位和可译单位的区别。翻译对等单位强调在整个语言环境中，源语单位和目标语对等单位在语义韵特征上存在明显的一致性。这意味着有相当比例的源语单位可以直接翻译成目标语对等单位。不是所有的源语节点单位都能无条件翻译为翻译对等单位，大多数情况下二者仍然存在某些不对等因素。可译单位与源语单位之间则不存在明显的对等关系，这源于二者的核心意义不一致，在语义韵的整体特征上也可能呈现巨大差异，但这并不妨碍可译单位成为源语单位理想的译入语。

第二，源语单位、翻译对等单位和可译单位中的"单位"并不单指词，也可以是短语序列。对等关系或可译关系的构成形式可以有以下四种：即词与词、词与短语序列、短语序列与词、短语序列与短语序列。具体构成形式如下图5-1所示。

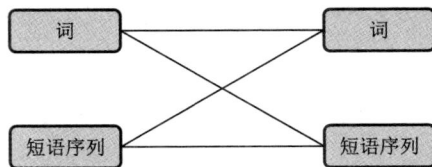

图5-1　对等单位和可译单位的"单位"构成形式

"回译"是本书为验证源语单位与目标语单位之间的可译关系而设计的一个环节。在实际教学过程中，教师可以运用"回译法"设计数据驱动练习，训练学生的汉韩反向翻译能力。教师首先从包含可译单位的索引行中挑选难度适中

的一组语料作为反向翻译练习材料,让学生用包含某一源语关键词的句型翻译出来。这就要求学生自主检索包含这一源语关键词的语料,观察其搭配、类联接等形式构成特征。以下内容是"역력하다"的回译练习示例。

要求:把下列句子翻译成韩国语,其中画线部分用"역력하다"的相关句式翻译。

1) 从关瑾之冷漠僵硬的脸庞上<u>不难看出</u>她对人性的失望与不平。

2) 她有些好奇地看着眼前的云岁寒,<u>不难看出</u>她脸上充满困惑。

3) 他的目光冷峻如冰,毫无一丝表情,<u>不难看出</u>他有愠恼之色。

4) <u>不难看出</u>,许多乘客工作了一天,面有倦色。

5) 从村长的谈吐神情中<u>不难看出</u>他的兴奋与自豪。

6) 他的表情也<u>写满了</u>懊恼和焦虑。

7) 苍老的脸庞上<u>写满了</u>贪婪与野心。

8) 镜子里是个年轻男子的脸庞,脸上<u>写满了</u>倦容。

9) 一张张年轻或苍老的脸上都写满了喜悦,<u>写满了</u>对新年的美好期待。

10) 在他那一双清亮明澈的大眼里,<u>写满了</u>无声的恳求。

上述教学课件涉及内容全部来自大型双语或单语语料库中的真实语料。学生做练习时,既有可以参考的大量分类语料,又有具体的学习、分析路径,这与只依赖词典和教师讲解的传统学习方式有本质的区别。同时,采取数据驱动方式设计的练习有助于教师进行翻译质量评价,评价方式能够有理有据。这里的"理"指的是经扩展意义单位分析得出的结论,"据"指的是大量来源于语料库的真实语境。

5.2.4 "역력하다"和"또렷하다"翻译质量评价

Bowker(2001)认为一个由平行语料库与可比语料库组成的翻译评价语料库能有效帮助教师对学生的译文作出更加客观的评价。语义韵翻译对等理论和扩展意义单位分析法能够对翻译评价提供理论和方法上的依据。本小节分别讨论"局部针对性翻译评价"和"整体特征性翻译评价"两个方面。

"局部针对性翻译评价"指的是利用语料库数据驱动的方式,对某些译稿中出现的翻译现象进行考察、论证、解析,进而作出评价。评价的对象可以是单篇译稿甚至单句,评价结果只针对作为评价对象的少量译文,不具有普遍性。

例如,教师可以运用大型平行语料库统计出某一单词或短语的翻译对应单位数量,然后统计学生在某次练习或考试中对同一单词或短语的翻译情况。教师可以比较分析两个数据的不同,总结学生的翻译倾向性,以便于在今后的教学中有的放矢。

我们同样选取一组共 10 名本科韩国语专业大三学生,让学生逐一翻译包含"역력하다"的 10 个句子[①],翻译统计结果如表 5-9 所示。

表 5-9 "역력하다"的译出结果统计

清晰	历历在目	明显	分明	清楚	尽显	清清楚楚
19	14	13	11	10	7	6
看起来	记忆犹新	明显显得	不难看出	写满	未译	
5	4	0	0	0	11	

从翻译结果可以看出,学生们对"역력하다"的翻译处理明显受到了双语词典的影响,其中"分明、尽显、记忆犹新、清清楚楚"在双语句对的译文中并未出现,但出现在 NAVER 双语词典的中文释义中。"记忆犹新"和"历历在目"在语义韵特征上相似,都表示对过往事物的难以忘记之义,学生把"역력하다"翻译为"记忆犹新"显然是没有正确把握源语词的态度意义。另外,在翻译结果中出现了 7 次"尽显",大多翻译为"尽显疲惫、尽显疲态、尽显苦心"。笔者在 CCL 语料库中输入"尽显"一词,共出现 329 个检索结果,其中有 319 个检索行中的搭配词为"豪迈、自信、风流、英雄本色、英雄气概、风采、才能、魅力、实力、秀丽、神韵、真情"等表达积极语义特征的词,其他 10 个索引行中的搭配词为"疲态(5)、疲惫(1)、尴尬(2)、反感情绪(1)、痼疾(1)"。这说明,从整体上看,"尽显"与"역력하다"在语义韵特征上完全相反,但当原文中出现"피곤하다"等个别搭配词时,仍然可以把"역력하다"翻译为"尽显",学生的此种翻译完全正确。

"整体特征性翻译评价"指的是利用数据驱动的方法,对某一类具备共同特征的大量译文进行考察、论证、解析,进而作出评价。评价的对象不是某次翻译练习等少量译稿,而是具备规模性的大量译稿,评价结果具有普遍性指导意义。

---

① 10 个句子全部来源于笔者自建的 600 万字词韩汉平行语料库,是对译句对中的源语。

例如中国学习者英语语料库（CLEC），收集了包括中学生、大学英语 4 级和 6 级、专业英语低年级和高年级在内的 5 类学生的语料，共计 107 万词，其目的在于观察各类学生的英语使用特征和言语失误的情况。王瑞（2016）利用中国学习者英语语料库（CLEC）和英语母语者语料库（FLOB 和 BNC）考察了 fulfill、execute、accomplish 和 commit 4 个近义词的使用差异。用于考察整体翻译特征的语料也须具备类似规模，例如中国大学本科韩国语专业学习者翻译语料库。要建成一定规模的学习者语料库，需要多个学校、多名老师的通力合作，非一朝一夕能建成，这也是笔者今后需要努力的方向。表 5-10 展示了"局部针对性翻译评价"和"整体特征性翻译评价"的异同点。

表 5-10　"局部针对性翻译评价"和"整体特征性翻译评价"的异同点

评价分类	评价对象	评价结果	研究方法
局部针对性翻译评价	个别译文、习作	针对性	扩展意义单位分析法、AntConc、Wordsmith 等软件分析
整体特征性翻译评价	大量译文、习作	普遍性	扩展意义单位分析法、AntConc、Wordsmith 等软件分析

上文阐述了两种评价在评价对象和评价结果上的异同点。从表 5-10 可以看出，二者在研究方法上相似，但在具体的操作中，有一些侧重点的不同。在局部针对性翻译评价中，主要通过分析软件的 Collocates 功能考察某一翻译单位的搭配特征。而在整体特征性翻译评价中，除了考察搭配特征，还可以通过 Wordlist 和 Keyword List 功能考察某一类别的翻译文本与其他类别文本在词频和主题词上的不同，如翻译文本与母语文本、中国学习者翻译文本与同年龄外国母语者文本在常用词词频及主题词上的不同。

翻译对等不等同于翻译质量。翻译质量是一个综合语言评价体系和社会评价体系得出的结果，在语言学评价体系中得出的"质量"仅指对源文本和目标语文本的对等程度进行度量获得的结果，而在语言学体系中被评定为高质量的翻译作品在社会评价体系内也可能被判定为低质量作品。由于文学作品复杂而多层面的本质属性，"对等"并非评价文学作品翻译质量的唯一准则，本书中的翻译质量评估也不能为文学翻译评价提供全面的方法及准则。特别是近年来翻译传播学的兴起，翻译作品不再被视为单纯语言学领域的产物，而是与传播主体、受众、传播途径和传播内容等传播学要素紧密相连的综合性产出结果。因此，本小

节的翻译质量评估仅限于单纯的语言评价体系,是基于大量语言事实的科学性
考量。

5.3　小结

本章具体论述了基于语义韵翻译对等理论进行"역력하다"和"또렷하다"
翻译教学的方法。主要观点如下。

第一,为适应基于语义韵翻译对等理论的翻译教学,教师应转变教学理念,
并熟练掌握语料库检索技巧。教师作为传统教学中的"主导者",应改变以教师
教授为中心、以教师语言输出和教材内容为主的演绎式教学模式,积极探索以学
生为中心、以大量语言事实为基础的数据驱动式教学模式。除了一般检索、检索
式检索、模糊匹配等基本方法以外,教师还需要熟练掌握搜索引擎,学会运用常
规语料库分析软件组织教学内容,学会用最快的方式构建符合教学目标的小型
语料库,以更好地提高翻译教学质量。

第二,扩展意义单位分析法是基于语义韵翻译对等理论翻译教学的有效方
法。笔者模拟实际教学过程展示了"역력하다"的显著性搭配词,引导学生对搭
配词进行分类、观察搭配词的语义聚合趋向,并通过"역력하다"和翻译对等单
位的实验教学证明了扩展意义单位分析法在翻译教学中的有效性。

第三,教师可以基于语义韵翻译对等理论和扩展意义单位分析法制作更加
多样化的教学课件。笔者以"역력하다"及其翻译对等单位为例展示了翻译填
空、翻译多样性练习、回译练习等产出式练习方法。教师还可以在实际教学过程
中探索更多灵活的互动练习方法。

第四,语义韵翻译对等理论和扩展意义单位分析法可以为翻译质量评估提
供更多的"理"和"据"。"局部针对性翻译评价"和"整体特征性翻译评价"是
两种各具特色的评价方法,应根据需要恰当使用。

第六章

结　论

　　本书在前贤研究的基础上，采用语料库数据分析的研究方法，从语义韵的视角对"역력하다"和"또렷하다"与汉语初似对等单位的翻译对等情况作了综合的考察分析，深入揭示了翻译对等的形成机制，进而深化了韩汉语义韵翻译对等理论方法的研究。

　　本书的主要研究结论可概括如下。

　　（一）构建平行语料库是进行语料库翻译研究和教学研究的基础，而语料库可以在线检索是语料库理论、技术应用于课堂教学的前提。韩汉平行语料库和 CQPweb 语料库在线检索平台不仅为本书的语义韵翻译对等研究和翻译教学研究提供了必要条件，也可以为其他韩汉－汉韩翻译研究和相关应用研究提供数据支持。只有遵循语料库建设规律并运用恰当的方式方法进行操作，才能保证所构建的韩汉平行语料库具有较高的科学性和实用性。构建韩汉平行语料库可分五个步骤进行，语料库设计需考虑建库目的和使用去向，语料搜集需注重文本质量，文本清洁要使用正则表达式进行批量处理，语料对齐则需自动对齐辅以人工对齐。

　　（二）基于数据的搭配分析（Collocates）和扩展意义单位分析是判定翻译对等的有效研究方法，二者分别从宏观和微观上呈现节点单位横向组合轴的聚合关系。高频共现词考察可避免因观察语料少而造成的遗漏，扩展意义单位分析可从类联接、语义选择趋向、语义韵三个层面提供层级分明的研究方法。另外，扩展意义单位中的搭配、语义选择趋向和类联接皆有可能对翻译对等产生关键性影响，但语义韵仍是判断翻译对等的决定性因素。多数节点单位的语义选择趋向对语义韵产生了决定性影响，即节点词在横向组合轴上吸引的词类聚合特征决定了语义韵的内容和极性。但类联接在意义单位分析中的作用也不容忽视，类联接可以为提取搭配词提供明确的语法框架，为归纳语义选择趋向、语义韵提供更加细化的分类路径，也可以对某些节点词的语义韵产生直接影响，即节点词在某些特定的类联接中具有明确的态度意义。

"역력하다"有三个语义韵，"明显"有七个语义韵，"历历在目"有两个语义韵。"역력하다"和"明显"形成"涵盖式翻译对等关系"，和"历历在目"形成"部分一致翻译对等关系"。"또렷하다"和"清晰"各有两个语义韵。"또렷하다"和"清晰"形成"翻译对等关系"，和"历历在目"形成"非翻译对等关系"。词层面的翻译对等率较低，将研究单位扩大到短语序列等更大的单位，语义趋向和语义韵会相对集中，也更容易确定翻译对等关系，因而加强词以上单位的翻译对等研究十分必要。

（三）翻译对等包括典型性翻译对等与非典型性翻译对等。翻译对等短语序列和可译单位与源语词构成的翻译对等均属非典型性翻译对等。翻译对等短语序列从形式上把对等单位的范围由词扩大到了短语，解决了"词层面对等率不高"的问题，因为词与短语序列的对等率明显高于词与词的对等率。短语序列通过单词组合之间在语义上的相互渲染产生语义韵上的变化，主要变化有扩展意义单位模型由繁到简、产生新的意义移变单位、丧失某些语义韵。"역력하다"和短语序列"显露出、清晰可见、明显（地）流露出、明显显得"分别形成"部分对等、部分对等、基本对等、部分对等"关系。

可译单位是指不具备源语单位的核心意义，但在译文中可以准确传达源语单位全部或部分语义韵的对应单位。通过引入可译单位这个概念扩大了对等研究的范围。"不难看出、写满、难掩"均为"역력하다"的可译单位。可译单位按照与源语单位语义韵的重合程度，可分为高配型可译单位和低配型可译单位。高配型可译单位仍可通过搭配分析和扩展意义单位分析来确定其语义韵。"难掩"是"역력하다"的高配型可译单位。例句中，高达87%的"难掩"可以与"역력하다"形成对等关系，对等率很高。低配型可译单位可通过复杂检索（检索式）、回译法验证和扩展意义单位分析来确定其语义韵。其中扩展意义单位分析是可选项，不是必选项。"不难看出、写满"均为"역력하다"的低配型可译单位。

（四）语义韵翻译对等理论和扩展意义单位分析法应用于"역력하다"和"또렷하다"的韩汉翻译教学，可以大大提高学生对"역력하다"和"또렷하다"

的理解能力和应用能力,进而有效提高教学质量。教师可以基于这一理论和方法设计课堂教学过程,制作多样化的教学课件,并为学生作出更加客观的翻译评价。

参考文献

1. 韩文文献

강범모 . 형용사와 명사의 의미 운율 [J]. 언어학, 2011(36): 1-23.

강은정, 신현정 . 한국어 '완전' 과 '완전히' 의 의미·통사적 고찰―일본어와의 대조를 중심으로 [J]. 한국어 교육, 2012(23): 331-351.

고언숙 . 정도부사 '너무' 의 의미와 의미운율―음성 말뭉치 분석을 바탕으로 [J]. 음성음운형태론연구, 2015, 21(2): 223-243.

김애란 . 비행운 [M]. 서울: 문학과지성사, 2012.

김영하 . 빛의 제국 [M]. 파주: 문학동네, 2006.

김혜영, 하승완 . 강조를 위한 부사 사용에 대한 비교 분석: 현대 한·중 코퍼스를 대상으로 [J]. 언어와 언어학, 2012(55): 127-144.

남길임 . 어휘의 공기 경향성과 의미적 운율 [J]. 한글, 2012(298): 135-164.

남길임 . 언어 사용의 경향성과 유의어의 기술―인내동사를 중심으로 [J]. 한국어 의미학, 2014(43): 59-82.

남길임, 이수진, 강범일 . '프레임' 의 언어학―의미적 신어 '프레임' 에 대한 말뭉치언어학적 분석 [J]. 한국어 의미학, 2019(65): 135-163.

마승혜 . 문학번역가의 모국어와 번역 성향의 상관관계 연구―평가어 번역을 중심으로 [D]. 서울: 한국외국어대학교, 2014.

박범신 . 더러운 책상 [M]. 파주: 문학동네, 2003.

서상규 . 한국어 특수 말뭉치의 구축 현황과 그 특징 [J]. 한국사전학, 2008(12): 41-60.

신영복 . 감옥으로부터의 사색 [M]. 파주: 돌베개, 1998.

윤흥길 . 아홉 컬레의 구두로 남은 사내 [M]. 서울: 문학과지성사, 1977.

이근후 . 나는 죽을 때까지 재미있게 살고 싶다 [M]. 서울: 갤리온, 2013.

이창호, 이지현 . 被构文 동사의 의미운율―코퍼스 활용 방법의 일례 [J]. 중국어문학논집, 2015(1): 87-110.

정유정 . 7 년의 밤 [M]. 서울: 은행나무, 2011.

주보현 . 영어 이동동사 come 과 go 의 의미운율 연구 [J]. 언어과학, 2014(21): 195– 214.

최준 . 경험동사의 의미적 운율 연구 [J]. 한국사전학, 2011(18): 209–226.

최준 . 한국어 확장된 어휘 단위의 층위 연구 [J]. 語文硏究, 2016(87): 35– 57.

2. 英文文献

Baker, M. *In Other Words: A Coursebook on Translation*[M]. London: Routledge, 1992.

Bowker, L. Towards a methodology for a corpus-based approach to translation evaluation[J]. *Meta*, 2001, *46*(2): 345-364.

Bublitz, W. *Semantic Prosody and Cohesive Company: Somewhat Predictable*[M]. Leuvense Bijdragen: Tijdschrift voor Germannse Filologie, 1996.

Catford, J. C. *A Linguistic Theory of Translation*[M]. London: Oxford University Press, 1965.

Dam-Jensen, H. & Zethsen, K. K. Pragmatic patterns and the lexical system: A reassessment of evaluation in language[J]. *Journal of Pragmatics*, 2007, *39*(9): 1608-1623.

Hunston, S. *Corpora in Applied Linguistics*[M]. Cambridge: Cambridge University Press, 2002.

Hunston, S. Semantic prosody revisited[J]. *International Journal of Corpus Linguistics*, 2007, *12*(2): 249-268.

Louw, B. Irony in the text or insincerity in the writer?: The diagnostic potential of semantic prosodies[M]// M. Baker, G. Francis, & E. Tognini-Bonelli, *Text and Technology: In Honour of John Sinclair*. Amsterdam: John Benjamins, 1993: 157– 175.

Louw, B. Contextual prosodic theory: Bringing semantic prosodies to life[M]// C. Heffer, H. Sauntson, & G. Fox, *Words in Context: A Tribute to John Sinclair on His Retirement*. Birmingham: University of Birmingham, 2000: 48-94.

Partington, A. *Patterns and Meanings: Using Corpora for English Language*

Research and Teaching[M]. Amsterdam: John Benjamins, 1998.

Partington, A. "Utterly content in each other's company": Semantic prosody and semantic preference[J]. *International Journal of Corpus Linguistics*, 2004, *9*(1): 131-156.

Reiss, K. *Translation Criticism: The Potentials and Limitations*[M]. Manchester: St. Jerome Publishing, 1971.

Sardinha, T. B. Semantic prosodies in English and Portuguese: A contrastive study[J]. *Cuadernos De Filologia Inglesa*, 2000, *9*(1): 93-109.

Sinclair, J. M. *Looking up: An Account of the Cobuild Project in Lexical Computing*[M]. London and Glasgow: Collins, 1987.

Sinclair, J. M. *Corpus, Concordance, Collocation*[M]. Oxford: Oxford University Press, 1991.

Sinclair, J. M. The search for units of meaning[J]. *Textus: English Studies in Italy*, 1996, *9*(1): 75-106.

Sinclair, J. M. *Trust the Text*[M]. London: Routledge, 2004.

Stewart, D. *Semantic Prosody: A Critical Evaluation*[M]. New York: Routledge, 2010.

Stubbs, M. Collocations and semantic profiles: On the cause of the trouble with quantitative studies[J]. *Functions of Language*, 1995, *2*(1): 23-55.

Stubbs, M. *Text and Corpus Analysis*[M]. Oxford and Malden: Blackwell Publishers, 1996.

Stubbs, M. *Words and Phrases*[M]. Oxford and Malden: Blackwell Publishers, 2001.

Stubbs, M. The search for units of meaning: Sinclair on empirical semantics[J]. *Applied Linguistics*, 2009, *30*(1): 115-137.

Tognini-Bonelli, E. *Corpus Linguistics at Work*[M]. Amsterdam: John Benjamins, 2001.

Tognini-Bonelli, E. Functionally complete units of meaning across English and Italian: Towards a corpus-driven approach[M]//B. Altenberg, & S. Granger, *Lexis in Contrast: Corpus-based Approaches*. Amsterdam: John Benjamins, 2002: 73-

95.

Whitsitt，S. A critique of the concept of semantic prosody[J]. *International Journal of Corpus Linguistics*，2005，10（3）：283-305.

Xiao，R. & Mcenery，T. Collocation，semantic prosody，and near synonymy：A cross-linguistic perspective[J]. *Applied Linguistics*，2006，27（1）：103-129.

3. 中文文献

陈鹏，濮建忠. 意义单位与词汇衔接的实现——基于本族语者和学习者语料库的对比研究 [J]. 外语教学与研究,2011,43(3):375-386.

陈颖. 语料库数据驱动学习:理据、模式及反思[J]. 教学与管理,2010(15):77-78.

崔桂花. 韩国语应用文写作实训教程 [M]. 北京:北京语言大学出版社,2009.

戴建春. 国内语义韵研究回顾:趋势、问题与建议 [J]. 外语电化教学,2018(3):20-25.

邓耀臣. 词语搭配研究中的统计方法 [J]. 大连海事大学学报,2003,2(4):74-77.

丁柚井. 七年之夜 [M]. 徐丽红,译. 天津:天津人民出版社,2015.

高歌,卫乃兴. 意义移变单位的意涵及分析程序[J]. 外语与外语教学,2017(6):12-21.

高歌,卫乃兴. 汉英翻译界面下的语义韵探究——来自《红楼梦》英译本的证据 [J]. 解放军外国语学院学报,2019,42(1):48-56.

葛传椝. 漫谈由汉译英问题 [M]. 北京:外语教学与研究出版社,1984.

韩存新. 英汉语之间的语义韵迁移 [J]. 韩山师范学院学报,2009,30(4):78-82.

贺爱军. 翻译对等的原型范畴理论识解 [J]. 外语教学,2016,37(5):107-110.

胡开宝,李翼. 机器翻译特征及其与人工翻译关系的研究 [J]. 中国翻译,2016(5):10-14.

胡显耀,曾佳. 翻译小说"被"字句的频率、结构及语义韵研究 [J]. 外国语,2010,33(3):73-79.

胡雪婵,吴长安. 汉语成语语义韵的演变论略 [J]. 汉语学习,2016(5):65-76.

胡雪婵,吴长安. 汉语成语语义韵的冲突及其消解 [J]. 古汉语研究,2018(1):

59-69.

黄伯荣,廖序东．现代汉语(下册)[M]．北京:高等教育出版社,2002.

黄瑞红．中国英语学习者形容词增强语的语义韵研究[J]．外语教学,2007(4):
57-60.

纪玉华,吴建平．语义韵研究:对象、方法及应用[J]．厦门大学学报,2000(3):
63-68.

金爱烂．你的夏天还好吗?[M]．薛舟,译．北京:人民文学出版社,2017.

金英夏．光之帝国[M]．薛舟,译．北京:人民文学出版社,2012.

李芳兰,卫乃兴．语义韵属性再探究——基于汉语语料库的分析[J]．广西民族
大学学报,2015,37(4):171-176.

李根厚．我至死追求生之乐趣[M]．吴赤潮,译．哈尔滨:黑龙江朝鲜民族出版
社,2014.

李华勇．基于口语语料库的翻译对等单位研究[J]．解放军外国语学院学报,
2015,38(5):134-142.

李民．韩汉同声传译理论与实务[M]．北京:社会科学文献出版社,2011.

李晓红,卫乃兴．双语视角下词语内涵义与语义韵探究[J]．现代外语,2012a,
35(1):30-38.

李晓红,卫乃兴．汉英对应词语单位的语义趋向及语义韵对比研究[J]．外语教
学与研究,2012b,44(1):20-33.

梁茂成．什么是语料库语言学[M]．上海:上海外语教学出版社,2016.

刘吉艳．汉语新词语词群现象研究[D]．上海:上海外国语大学,2008.

陆军．基于语料库的学习者英语近义词搭配行为与语义韵研究[J]．现代外语,
2010,33(3):276-286.

陆军．共选理论视角下的学习者英语型式构成特征研究[J]．现代外语,2012,
35(1):70-78.

陆军,卫乃兴．扩展意义单位模型下的英汉翻译对等型式构成研究[J]．外语教
学与研究,2012,44(3):424-436.

陆军,卫乃兴．短语学视角下的二语词语知识研究[J]．外语教学与研究,2014,
46(6):865-878.

陆军,吴茜．短语单位移变研究——汉英流行词语序列证据分析[J]．现代外

语,2019,42(5):597-609.

卢鹿.语料库对同义词研究的贡献(英文)[J].中国英语教学,2005,28(6):14-20.

米洁,周江林.从批评性话语分析的角度看意识形态对语义韵的操纵[J].外语教育,2008(8):116-121.

潘璠,冯跃进.语义韵律的语料库调查及应用研究[J].当代语言学,2003(4):359-366.

朴范信.肮脏的书桌[M].徐丽红,译.北京:人民文学出版社,2017.

濮建忠.语料库驱动的翻译研究:意义单位、翻译单位和对应单位[J].解放军外国语学院学报,2014,37(1):53-63.

乔娟.语义韵视角下的韩汉翻译对等词研究——以"역력하다"和"明显""历历在目"为例[J].中国言语研究,2020(89):287-323.

秦平新."宣传"一词的语义韵、理解与翻译——一项基于语料库的调查[J].新疆大学学报,2009,37(3):136-139.

邵斌,王文斌.基于语料库的英语词缀语义韵考察[J].外语教学,2015,36(4):8-12.

申荣福.监狱里的思索[M].王佳,译.北京:北京时代华文书局,2014.

宋伟华.汉英颜色词"白"与"white"之语义韵比较及翻译[J].中国科技翻译,2010,23(3):27-30.

孙爱珍.文学语篇中的语义韵结构研究[J].河南大学学报,2008(1):150-154.

孙志凤.中韩口译入门[M].北京:人民教育出版社,2009.

唐义均.论汉英翻译中的语义韵问题[J].中国翻译,2012,33(5):109-113.

陶源,胡谷明.致使动词语义韵翻译研究——基于俄汉平行语料库的专业文本[J].武汉大学学报(人文科学版),2015,68(1):119-124.

田宏梅.利用汉语语料库研究词语搭配——以"有点"为例[J].暨南大学华文学院学报,2006(3):67-73.

王海华,王同顺.CAUSE语义韵的对比研究[J].现代外语,2005(3):297-307.

王珏.现代汉语名词研究[M].上海:华东师范大学出版社,2001.

王均松,田建国.基于扩展意义单位模型的量词语义韵研究[J].外语教学,2016,37(4):9-43.

王克非．中国英汉平行语料库的设计与研制[J]．中国外语，2012，9（6）：23-27．

王平兴．关于党政文献汉译英的词语搭配和语义韵问题[J]．中国翻译，2013，34（3）：71-77．

王瑞．中国英语学习者与英语母语者"做"类动词语义韵比较研究[J]．外语学刊，2016（6）：125-129．

王雅刚，刘正光，邓金莲．语义韵研究的核心问题：争鸣与考辨[J]．外国语，2014，37（6）：43-51．

卫乃兴．语料库数据驱动的专业文本语义韵研究[J]．现代外语，2002a（2）：166-175．

卫乃兴．语义韵研究的一般方法[J]．外语教学与研究，2002b（4）：300-307．

卫乃兴．基于语料库的对比短语学研究[J]．外国语，2011a，34（4）：32-42．

卫乃兴．词语学要义[M]．上海：上海外语教学出版社，2011b．

卫乃兴．共选理论与语料库驱动的短语单位研究[J]．解放军外国语学院学报，2012，35（1）：1-6．

卫乃兴．学术英语再思考：理论、路径与方法[J]．现代外语，2016，39（2）：267-277．

卫乃兴，李峰，李晶洁．语料库短语序列提取系统的设计与开发[J]．外语电化教学，2017（4）：9-16．

许家金，吴良平．基于网络的第四代语料库分析工具CQPweb及应用实例[J]．外语电化教学，2014（5）：10-15．

杨华，姬东鸿，萧国政．汉语语义场网络中的无标度分布现象[J]．中文信息学报，2015，29（3）：34-43．

杨梅．双语视角下近义词语义韵对比研究[J]．广西民族大学学报，2013，35（3）：181-184．

杨晓琳，程乐．英汉翻译不同语域下被动标记形式及语义韵变化中的"Translationese"[J]．中国翻译，2016，37（6）：5-12．

姚双云．连词"结果"与"所以"使用差异的计量分析[J]．宁夏大学学报，2007（6）：51-53．

尹敬爱，权赫哲，吴昭娅．韩国语口译教程[M]．大连：大连理工大学出版社，2007．

尹兴吉. 化身九双鞋的男人[M]. 王策宇,崔元馨,译. 杭州:浙江大学出版社,
2015.

于涛,梁茂成. 英语被动结构多维度对比研究[J]. 外语教学,2014,35(4):11-
15.

翟萌,卫乃兴. 学术文本语义韵研究:属性、特征与方法[J]. 解放军外国语学院
学报,2015,38(3):14-22.

张继东,刘萍. 基于语料库同义词辨析的一般方法[J]. 解放军外国语学院学
报,2005(6):53-56.

张继东,刘萍. 动词 happen、occur 和"发生"的语言差异性探究——一项基于英
汉语料库的调查与对比分析[J]. 外语研究,2006(5):19-22.

张磊,卫乃兴. 中、西学者法学论文评价局部语法对比:对名词型式的探索[J].
当代外语研究,2018(3):93-99.

张敏,金宣希. 中韩翻译教程[M]. 北京:北京大学出版社,2005.

张敏,朴光海,金宣希. 韩中翻译教程[M]. 北京:北京大学出版社,2012.

张绪华. 语料库驱动的扩展意义单位研究—以最高程度强势语为例[J]. 外语
与外语教学,2010(4):25-30.

赵朝永. 基于汉英平行语料库的翻译语义韵研究——以《红楼梦》"忙 XX"结
构的英译为例[J]. 外语教学理论与实践,2014(4):75-82.

甄凤超. 语料库数据驱动的外语学习:思想、方法和技术[J]. 外语界,2005(4):
19-27.

中国社会科学院语言研究所. 现代汉语词典[M]. 北京:商务印书馆,2012.

中华人民共和国外交部亚洲司. 中韩建交 20 周年中韩重要演讲文稿集[M].
北京:世界知识出版社,2012.

朱一凡,管新潮. 人工智能时代的翻译人才培养:挑战与机遇[J]. 上海交通大
学学报,2019,37(1):37-45.

朱一凡,胡开宝. "被"字句的语义趋向与语义韵——基于翻译与原创新闻语料
库的对比研究[J]. 外国语,2014,37(1):53-64.

附　录

附录 1　韩国语高频形容词近义词词表

序号	形容词	频次	频率	近义词条
1	＊같다	64 625	0.0148 940 5	균등하다, 여전하다, 틀림없다
2	＊다르다	46 685	0.0107 594 4	남다르다
3	＊크다	31 091	0.007 165 51	커다랗다, 광대하다, 크나크다
4	＊많다	31 077	0.007 162 28	무수하다, 상당하다, 수다하다
5	＊새롭다	20 863	0.004 808 27	새삼스럽다, 신선하다, 생생하다, 산뜻하다
6	＊좋다	16 826	0.003 877 87	원만하다, 착하다, 건전하다
7	＊중요하다	13 327	0.003 071 46	귀중하다, 요긴하다, 막중하다, 중하다
8	＊작다	11 032	0.002 542 53	나지막하다, 나직하다, 왜소하다
9	＊높다	10 359	0.002 387 43	고매하다, 높다랗다, 우뚝하다
10	＊필요하다	7 498	0.001 728 06	긴하다, 소요하다, 소용하다
11	＊젊다	7 174	0.001 653 38	새파랗다, 앳되다, 왕성하다
12	어렵다	7 154	0.001 648 77	딱하다, 힘들다, 가난하다
13	＊어리다	5 353	0.001 233 7	어리석다, 앳되다, 유치하다, 여리다
14	＊아름답다	4 466	0.001 029 27	고매하다, 곱다, 아리땁다
15	＊비슷하다	4 394	0.001 012 68	그만그만하다, 비등하다, 비슷비슷하다, 어슷비슷하다, 유사하다, 같다, 어상반하다
16	＊강하다	4 390	0.001 011 76	단단하다, 굳다, 강견하다, 강고하다, 딱딱하다, 견고하다
17	＊가깝다	4 273	0.000 984 79	엔간하다, 두텁다, 밀접하다, 비슷하다, 친밀하다, 비근하다, 유사하다
18	수많다	3 857	0.000 888 92	다수하다, 많다
19	가능하다	3 786	0.000 872 55	되다

续表

序号	形容词	频次	频率	近义词条
20	*오래다	3 743	0.000 862 64	뜨다, 영구하다, 유구하다, 멀다
21	*엄청나다	3 705	0.000 853 89	기막히다, 막심하다, 막대하다, 어마어마하다, 지대하다, 무지무지하다, 굉장하다, 무진장하다, 으리으리하다
22	*구체적이다	3 696	0.000 851 81	구상적
23	*단순하다	3 493	0.000 805 03	단조롭다, 홀가분하다, 순진하다, 간단하다
24	*멀다	3 435	0.000 791 66	감감하다, 요원하다, 까마득하다, 아득하다
25	*일정하다	3 428	0.000 790 05	균등하다, 균일하다, 불변하다, 정일하다
26	*낮다	3 398	0.000 783 13	나지막하다, 나직하다, 열등하다
27	*적다	3 375	0.000 777 83	근소하다, 경미하다, 덜하다, 미소하다
28	*비다	3 359	0.000 774 14	휑하다, 공허하다, 마르다
29	*넓다	3 304	0.000 761 47	광막하다, 광범위하다, 광대하다, 널찍하다, 너르다, 펀하다, 관대하다
30	*진정하다	3 122	0.000 719 52	바르다, 진실하다, 참되다, 정직하다
31	대표적이다	3 122	0.000 719 52	전형적
32	*짧다	3 103	0.000 715 14	짧디짧다
33	*검다	3 046	0.000 702 01	감다, 거뭇하다, 거뭇거뭇하다, 까맣다, 꺼뭇꺼뭇하다, 가무스름하다, 어둡다
34	*상당하다	3 037	0.000 699 93	끔찍하다, 굉장하다, 대단하다, 어마어마하다
35	*훌륭하다	3 037	0.000 699 93	용하다, 뛰어나다
36	*강력하다	2 998	0.000 690 95	강대하다, 굳세다, 막강하다, 강하다, 강렬하다, 격렬하다
37	*특별하다	2 953	0.000 680 57	남다르다, 비범하다, 각별하다, 별나다
38	유명하다	2 849	0.000 656 61	고명하다, 저명하다
39	*희다	2 795	0.000 644 16	결백하다, 눈부시다, 순백하다, 하얗다, 허옇다, 희다희다, 교교하다

续表

序号	形容词	频次	频率	近义词条
40	*붉다	2 736	0.000 630 56	붉디붉다, 발갛다, 벌겋다, 빨갛다
41	*나쁘다	2 733	0.000 629 87	악하다, 악독하다, 형편없다, 고약하다, 악랄하다, 언짢다, 탁하다
42	*이상하다	2 721	0.000 627 11	수상하다, 이사스럽다, 괴이하다, 괴상하다, 기괴하다, 얄궂다, 야릇하다
43	똑같다	2 691	0.000 620 19	공정하다, 균등하다, 동일하다
44	*쉽다	2 634	0.000 607 05	만만하다, 손쉽다, 순하다, 수월하다, 헐하다, 안일하다, 편하다
45	*거대하다	2 623	0.000 604 52	막대하다, 웅대하다, 우람하다, 커다랗다, 웅장하다
46	*빠르다	2 599	0.000 598 99	잽싸다, 기민하다, 날쌔다, 재빠르다, 약빠르다, 신속하다
47	*심하다	2 580	0.000 594 61	지나치다, 과도하다, 극성스럽다
48	*힘들다	2 515	0.000 579 63	고단하다, 고달프다, 곤란하다, 험난하다, 힘겹다, 거추장스럽다
49	*푸르다	2 309	0.000 532 15	푸르뎅뎅하다, 싱싱하다, 청청하다, 쾌청하다, 푸르스름하다, 창창하다, 푸르죽죽하다
50	*독특하다	2 300	0.000 530 08	특별하다, 특출하다, 각별하다, 유다르다, 특별나다, 특이하다
51	*뜨겁다	2 225	0.000 512 79	덥다, 무안하다, 부끄럽다, 열렬하다, 격렬하다, 창피하다, 맹렬하다
52	*당연하다	2 209	0.000 509 11	적합하다, 합당하다, 마땅하다
53	*뛰어나다	2 129	0.000 490 67	걸출하다, 낫다, 남다르다, 훌륭하다, 탁월하다, 비범하다
54	*무섭다	2 122	0.000 489 05	겁나다, 섬뜩하다, 두렵다, 매섭다, 모질다, 사납다, 아찔하다
55	*마땅하다	2 046	0.000 471 54	적절하다, 적합하다, 알맞다, 온당하다, 적당하다, 타당하다
56	동일하다	2 011	0.000 463 47	여전하다, 같다, 다름없다, 똑같다, 동등하다, 평등하다, 여전하다

续表

序号	形容词	频次	频率	近义词条
57	* 가난하다	1 899	0.000 437 66	가빈하다, 빈약하다, 궁하다, 빈곤하다, 어렵다, 옹색하다, 쪼들리다
58	* 복잡하다	1 872	0.000 431 44	뒤숭숭하다, 미묘하다, 번거롭다, 혼잡하다, 붐비다, 번잡하다, 복잡다단하다
59	* 좁다	1 857	0.000 427 98	되바라지다, 잘다, 좁다랗다, 비좁다, 옹졸하다, 협소하다, 빠듯하다
60	* 어둡다	1 855	0.000 427 52	검다, 어둑어둑하다, 어둠침침하다, 어스름하다, 우중충하다, 둔하다, 캄캄하다, 침울하다, 몽매하다
61	* 낯설다	1 851	0.000 426 6	낯모르다, 모르다, 서투르다, 서먹하다, 생소하다, 설다, 어색하다
62	* 따뜻하다	1 829	0.000 421 53	따스하다, 뜨듯하다, 온난하다, 포근하다, 온화하다, 다사롭다, 따사롭다, 푹하다
63	* 낡다	1 826	0.000 420 84	닳다, 진부하다, 남루하다, 오래되다, 케케묵다, 헐다, 너절하다, 해지다
64	* 충분하다	1 813	0.000 417 84	족하다, 충족하다, 넉넉하다, 흡족하다
65	* 분명하다	1 762	0.000 406 09	뚜렷하다, 또렷하다, 명료하다, 확실하다, 똑똑하다, 명확하다, 여지없다, 적확하다, 역력하다
66	* 간단하다	1 726	0.000 397 79	단순하다, 간략하다, 간편하다, 단출하다, 손쉽다, 홀가분하다, 단조롭다
67	* 밝다	1 703	0.000 392 49	환하다, 산뜻하다, 명료하다, 선명하다, 명랑하다
68	어렵다	1 695	0.000 390 64	딱하다, 힘들다, 가난하다
69	* 철저하다	1 644	0.000 378 89	꼼꼼하다, 철두철미하다, 냉철하다, 빈틈없다, 투철하다
70	* 알맞다	1 627	0.000 374 97	적합하다, 걸맞다, 마땅하다, 어울리다, 온당하다, 적당하다, 적절하다, 마뜩하다
71	* 늙다	1 615	0.000 372 21	연로하다, 노쇠하다, 오래되다
72	* 화려하다	1 609	0.000 370 82	눈부시다, 호화롭다, 다채롭다, 사치스럽다

续表

序号	形容词	频次	频率	近义词条
73	*확실하다	1 595	0.000 367 6	명료하다, 분명하다, 틀림없다, 뻔하다, 여지없다, 똑똑하다, 투철하다
74	*완전하다	1 535	0.000 353 77	무결하다, 성하다, 옹글다, 완전무결하다, 온전하다, 완벽하다, 건전하다
75	*맑다	1 530	0.000 352 62	청청하다, 청정하다, 말갛다, 또렷하다, 상쾌하다, 밝다, 싱싱하다, 생생하다, 투명하다, 청아하다
76	*평범하다	1 529	0.000 352 39	심상하다, 엔간하다, 예사롭다, 평평하다, 녹록하다, 무난하다, 범상하다
77	*지나치다	1 507	0.000 347 32	과도하다, 과격하다, 심하다
78	*아프다	1 501	0.000 345 93	고통스럽다, 들쑤시다, 아리다, 결리다, 쓰라리다, 따갑다, 쓰리다, 쑤시다, 애달프다
79	*조그맣다	1 488	0.000 342 94	쪼끄맣다, 알량하다, 자그맣다, 작다, 사소하다
80	*무겁다	1 479	0.000 340 86	무겁디무겁다, 우울하다, 둔하다, 중대하다, 뜨다, 무지근하다, 위중하다
81	*순수하다	1 441	0.000 332 11	무구하다, 순결하다, 천진난만하다
82	*부족하다	1 388	0.000 319 89	결여하다, 빈약하다, 적다, 미달하다, 약하다, 여리다, 짧다
83	*특수하다	1 367	0.000 315 05	특별하다, 특이하다, 다르다
84	*치열하다	1 337	0.000 308 14	맹렬하다
85	*슬프다	1 331	0.000 306 75	애통하다, 애처롭다, 우울하다, 구슬프다, 서럽다, 애석하다, 애틋하다
86	*놀랍다	1 331	0.000 306 75	끔찍하다, 신기하다, 이상하다
87	*대단하다	1 322	0.000 304 89	기막히다, 상당하다, 심하다, 뛰어나다, 출중하다
88	*별다르다	1 300	0.000 299 82	다르다, 특별하다, 별나다
89	*깨끗하다	1 286	0.000 296 59	무구하다, 순백하다, 청순하다, 산뜻하다, 신선하다, 깔끔하다, 곱다

续表

序号	形容词	频次	频率	近义词条
90	＊약하다	1 259	0.000 290 36	나약하다, 무력하다, 빈약하다, 여리다, 부족하다, 가늘다
91	＊예쁘다	1 252	0.000 288 75	귀엽다, 꽃답다, 사랑스럽다, 곱다, 착하다
92	＊가볍다	1 249	0.000 288 06	경하다, 경쾌하다, 경솔하다, 간단하다, 산뜻하다, 날쌔다
93	＊엉뚱하다	1 242	0.000 286 44	생뚱맞다, 엉뚱스럽다, 괴이하다, 싱겁다, 특이하다
94	＊유사하다	1 223	0.000 282 06	엇비슷하다, 흡사하다, 같다
95	긍정적	1 195	0.000 275 6	건설적, 생산적, 호의적
96	＊마르다	1 186	0.000 273 53	비리비리하다, 수척하다, 야위다, 식다, 떨어지다, 빠지다
97	＊부드럽다	1 183	0.000 272 83	녹녹하다, 매끈하다, 순하다, 매끈하다
98	＊풍부하다	1 177	0.000 271 45	윤택하다, 족하다, 걸다, 넉넉하다, 많다
99	＊행복하다	1 175	0.000 270 99	다복하다, 행복스럽다, 흐뭇하다
100	＊비싸다	1 175	0.000 270 99	값지다, 거만하다, 귀하다, 귀중하다

附录 2 "역력하다"的韩汉双语检索句对

1	경제계도 회피적인 대처보다는 자신들에게 유리하게 상황을 몰아가려는 움직임이 역력하다.	原译文:经济界也明显想要努力使情况对自己有利,而不是采取回避态度处理事件。 修改译文:比起采取回避态度处理问题,经济界明显想让事态朝对自己有利的方向发展。
2	이순신 장군 동상과 분수,해치마당,역사물길,그리고 10 월 한글날에 제막될 세종대왕상 등으로 꾸민 전체적인 모양새도 상당히 품을 들인 기색이 역력하다.	李舜臣将军的铜像和喷水池、獬豸庭、历史水渠以及将在 10 月韩文日上揭开帷幕的世宗大王像,明显耗费了相当多的人力物力。
3	우리 선생님이 잠 없고 부지런한 건 설명이 필요 없고,김 ＊＊ 역시 모습을 감추기 전 과로와 스트레스가 쌓였던 흔적이 역력한 까닭이다.	我老师废寝忘食地勤奋工作无须过多说明,金 ＊＊ 在销声匿迹之前也明显过度劳累,受到了很大压力。

4	하지만 이제 철수의 얼굴에선 영숙의 눈치를 살피는 표정이 역력하다 . 우선 아이들부터 그렇다 .	但是,现在哲洙明显要看英淑的脸色,首先孩子们就是如此。
5	하지만 가족들은 깊은 슬픔과 극도의 피로 속에서도 차분함을 잃지 않으려 애쓰는 모습이 역력했다 .	然而,家属们在极大的痛苦和极度的疲劳中还努力保持镇静的样子也历历在目。
6	허둥대는 모습이 역력하고, 대책은 굼벵이인 데다 시원하지도 않다 .	(学校)惊慌失措的样子历历在目,出台应对政策却又迟缓、不爽快。
7	CEO 를 겸하고 있는 이강철조차 비관적 기색이 역력했다 .	兼任 CEO 的李江哲也显露出悲观态度。
8	'이제 우리가 여러분을 보호할 것이다' 라는 약속에 참석자들에겐 감격스러운 표정이 역력했다 .	出席者面对"现在我们将会保护大家"这样的承诺,显露出了激动的神情。
9	그러나 힘주어 말하는 말투와 반대로 그 표정에는 '우리는 언제 이렇게 살아보나' 라며 미숙을 부러워하는 모습이 역력했다 .	但与强调的语气不同,他的表情则是"我们到底什么时候才能这样生活",难掩对美淑的羡慕之情。
10	왜 내가 그것을 짐작할 수 있었는가 하면 손용대와 이덕원의 표정에는 자기 몫을 내지 못한 침울한 심정이 너무나 역력하였기 때문이다 .	因为孙永大和李德元的脸上明显流露出因没能交出份子钱而郁闷的心情。
11	부동자세를 취한 사진 속의 어머니는 긴장한 모습이 역력하다 .	妈妈在照片中的姿势一动不动,表情明显显得很紧张。
12	희미한 웃음을 보였지만 안경을 벗은 얼굴에는 지친 기색이 역력했다 .	脸上虽然挂着微笑,但摘下眼镜后,一脸疲惫清晰可见。
13	실제로 내용을 들여다보면 학교가 고심한 흔적이 역력하다 .	实际上从内容来看,不难看出学校的担忧。
14	이들의 표정에는 이틀 만에 합의안을 끌어냈다는 안도감보다는 앞으로 닥쳐올 고난에 대한 비장감이 더 역력했다 .	他们的脸上写满了今后将遭遇苦难的悲壮表情,而不是两天之内就制定出了议案的轻松感。

附录 3 "또렷하다"的韩汉双语检索句对

1	배경도 없는 단순한 화폭 위에 가늘고 또렷한 선묘로 그려낸 아름다운 여인의 모습.	没有背景的单纯画布之上是美丽的女子,线条纤细而清晰。
2	시원하게 쳐올린 짧은 머리와 영특해 보이는 눈빛과 또렷한 턱 선이 아름답다.	利落的短发、睿智的眼神和清晰的下巴曲线很美丽。
3	윤복이 목소리를 가다듬고 또렷한 음성으로 대답했다.	润福清了清喉咙,清清楚楚地答道:
4	조용한 발걸음을 방문 쪽으로 옮길 때 또렷한 여인의 목소리가 발길을 잡았다.	他静静地走向门口,女人清晰的声音让他停住了脚步。
5	물론 이런 수치까지 다들 기억할 리 만무하다. 유독 94 년 여름의 기억들이 또렷한 이유는 따로 있다.	当然,大家是不可能连这些数字都记住,因为有另外一个理由让人们对 1994 年的夏天记忆犹新。
6	그곳을 취재했던 나의 기억은 또렷해진다.	前往那里采访调查的记忆历历在目。
7	피곤에 짓눌렸던 몸뚱이가 이번엔 술에 흠씬 젖어 갱신 못할 지경인 데도 목소리만은 제법 또렷했다.	疲倦至极,加上酒精作祟,他的身体已经动弹不得,只有嗓音却仍然清晰。
8	새로운 색이라 하나 이전 것들보다 더욱 또렷하고, 얼굴에 서린 음영의 깊이 또한 잘 살아난 것으로 보인다.	虽然是新颜色,但是比以往更加清晰,面部的阴影也更加生动。
9	유리같이 희고 매끈한 이마, 눈동자 의 검은 선이 또렷한 맑은 눈…	像玻璃一样光滑白皙的额头,清晰分明的黑眼球,明亮的眼睛……
10	그녀는 어머니와 아버지의 얼굴을 번갈아 쳐다보더니 또렷한 음성으로 말했다.	她轮番看着妈妈和爸爸的脸,用清晰的声音说道。
11	비 온 뒤라 그런지 먼 산도 또렷하게 보인다.	可能因为是刚下过雨的关系,远处的山也可以看得很清楚。
12	디지털카메라의 사진 품질은 화소로 결정되는데 화소가 클수록 사진은 더욱 또렷하다.	数码相机的图像质量是由像素决定的,像素越大,照片越清晰。
13	그녀의 얼굴이 또렷하게 기억난다.	(我)清楚记得她的面孔。
14	작년 이맘 때의 어느 오후는 지금도 어제같이 기억이 또렷하다.	去年这时某个午后的记忆至今仍历历在目。
15	나그네는 월성스님을 지리산 상무주 암에서 처음 뵈었는데,그때 기억이 아직도 또렷하다.	过客在上無住庵第一次见到月性大师,那时的记忆仍历历在目。

附录 4　韩国语专业三年级学生对"역력하다"的语义韵特征描述

1	【消极:不高兴的表情比较明显】 【中性:事物的氛围比较明显】 【积极:高兴的表情比较明显】
2	【消极:不高兴、不喜欢】 【中性:客观、明确】 【积极:高兴、喜欢】
3	【消极:明显不愉快】 【中性:事物的某种样子、状况很明显】 【积极:明显很满意、欣喜】
4	【消极:消极情感很明显】 【中性:客观事实很明显】 【积极:积极情感很明显】
5	【消极:显露出来的同情、不满、困惑、紧张等心理感受很清楚】 【中性:清楚、清晰】 【积极:显露出来的满意、安慰、喜欢、兴奋等心理感受很清楚】
6	【消极:不顺心、不舒服的样子或心情很清楚】 【中性:事物的样子很清楚】 【积极:顺心、高兴等积极性心情很清楚】
7	【消极:不高兴的样子通过表情、动作很明显地显露出来】 【中性:事物、状况很明显】 【积极:高兴的样子通过表情、动作很明显地显露出来】
8	【消极:不希望发生的事情发生了】 【中性:发生的事情无好坏之分】 【积极:希望发生的事情发生了】
9	【消极:悲伤、失望、紧张、逃避、辛苦等消极的心情十分明显】 【中性:描述一般的状况、情况】 【积极:满足、兴奋、受到鼓舞等积极的心情十分明显】
10	【消极:各种不愉快的表情、痕迹、征兆看得很清楚】 【中性:各种无感情色彩体现的表情、气氛或者事物的样子、状况很清楚】 【积极:各种愉快的表情、痕迹、征兆看得很清楚】